浙江省普通高校"十三五"新形态教材

Business Etiquette and
Professional Quality

商务礼仪与职业素养

张淑英　主　编

秦　蕾　张　潮　仵志浩　章荟琳　副主编

ZHEJIANG UNIVERSITY PRESS
浙江大学出版社

图书在版编目（CIP）数据

商务礼仪与职业素养 / 张淑英主编. — 杭州 ： 浙
江大学出版社，2021.2（2023.1重印）
ISBN 978-7-308-20333-3

Ⅰ．①商… Ⅱ．①张… Ⅲ．①商务－礼仪－教材②商
业工作者－形象－设计－教材 Ⅳ．①F718

中国版本图书馆CIP数据核字(2020)第113379号

商务礼仪与职业素养

张淑英　主编

责任编辑	朱　辉	
责任校对	高士吟	
封面设计	春天书装	
出版发行	浙江大学出版社	
	（杭州市天目山路148号　　邮政编码　310007）	
	（网址：http://www.zjupress.com）	
排　　版	杭州林智广告有限公司	
印　　刷	杭州钱江彩色印务有限公司	
开　　本	787mm×1092mm　1/16	
印　　张	11	
字　　数	240千	
版 印 次	2021年2月第1版　2023年1月第3次印刷	
书　　号	ISBN 978-7-308-20333-3	
定　　价	35.00元	

C目 录
ontents

Contents

第六章 商务交往礼仪

模块一：非会面礼仪 / 74

模块二：会面礼仪 / 82

Contents

第七章　商务会议礼仪

模块一：会议礼仪策划　/ 102

模块二：商务洽谈会礼仪　/ 108

模块三：商务茶话会礼仪　/ 113

CHAPTER 1

第一章

绪　论

引言

良好的礼貌是由微小的牺牲组成。——爱默生

不患位之不尊，而患德之不崇；不耻禄之不伙，而耻智之不博。——张衡

非礼勿视，非礼勿听，非礼勿言，非礼勿动。——孔子

夫君子之行，静以修身，俭以养德，非淡泊无以明志，非宁静无以致远。——诸葛亮

人无礼则不生，事无礼则不成，国家无礼则不宁。——荀子

教学说明

学习目标

专业能力目标	(1) 能够识别实际生活中的哪些礼仪属于商务礼仪的范畴
	(2) 能够掌握"礼"与"仪"的基本含义
	(3) 能够区分礼貌、礼节与礼仪
	(4) 能够掌握商务礼仪的构成要素和基本特征
	(5) 能够运用商务礼仪的基本理念进行合理的人际沟通
	(6) 能够运用商务礼仪知识，规范自身言行，提高自身修养，提升可持续发展能力
方法能力目标	(1) 能够自主学习新知识
	(2) 能够通过电视、报纸、网络等媒体资源查找礼仪相关知识
	(3) 具有良好的审美情趣
社会能力目标	(1) 提升商务人员高尚的道德情操和良好的职业素质
	(2) 增强商务人员在商务活动和日常生活中的较强的口头表达能力、人际沟通能力

　　我国素以"礼仪之邦"著称于世，讲"礼"重"仪"是我们民族世代沿袭的传统。礼仪使我们的生活更有秩序，使人际关系更为和谐。随着我国改革开放的不断深入，经济的不断发展，掌握并运用好商务活动中的礼仪规范，正日益成为企业竞争取胜的一个重要手段，既能有效提升个人素养和形象，又有助于树立和维系高知名度和高美誉度的企业形象。

一、知识目标前测

（一）商务礼仪的基本内涵

1. 相关概念介绍

（1）礼

礼繁体为"禮"，就其结构而言，其左边指古代的神祇，右上边表示祭祀用的器具或两串玉，右下边表示祭祀活动中用的高脚器皿。"礼，履也，所以事神致福也"，"仪，度也，宜也，匹也"（均出自《说文解字》）。故，礼之名，源起于祭祀神灵、祈求祝福的活动，其本意是事神致福，人类进入文明社会后，礼由"敬神"转为"敬人"。礼字的不同写法如图 1-1 所示。

内容讲解 1

内容讲解 2

图 1-1　祭祀图与礼字的繁体写法

内容讲解 3

（2）礼貌

礼貌是指在人际交往中，通过言语、动作向交往对象表示谦虚和恭敬。它体现了时代的风貌和道德品质，反映了人们的文化层次和文明程度。礼貌是一个人待人接物时的外在表现，它通过言谈、表情、姿势等来表示对他人的尊重。礼貌可分为礼貌行动和礼貌语言两部分。礼貌行动是一种无声的语言，如微笑、点头、欠身、鞠躬、握手、鼓掌、双手合十、拥抱亲面等；礼貌语言是一种有声的行动，如使用"小姐""先生"等敬语，"恭候光临""我能为您做点什么"等谦语，"哪里可以方便""哪一位"等雅语。讲礼貌是一个人良好道德品质的体现，这不仅有助于与他人建立相互尊重和友好合作的新型关系，还能缓解或避免一些不必要的冲突。在日常生活中，我们可以看到讲礼貌的人往往待人谦虚、周到、大方、热情、彬彬有礼，行为举止都很有教养。相反，一个人出言不逊、动作粗鲁、傲气十足、衣冠不整，人们会认为他不懂礼貌，没有教养。

（3）礼节

礼节通常指人们用于交际场合的，相互表示尊重、友好的惯用形式。它实际上是礼貌的具体表现形式，是礼貌在仪表、仪容、仪态及语言、行为等方面的具体要求。如待人接物时"五声十字"（"您好""请""谢谢""对不起""再见"）的准确运用，工作场合的着装、发型与妆容的和谐搭配，以及邻里间热情友好的相处等。礼节的表现

内容讲解 4

形式是多种多样的。以常见的见面礼节而言，由于风俗习惯和文化传统的不同，不同国家、不同民族都有自己独特的表达方式，如中国的点头、握手礼，日本、韩国的鞠躬礼，欧美国家的拥抱、亲吻礼，南亚诸国的合十礼，某些国家和地区的吻手、吻脚、拍肚皮、碰鼻子等。因此，在与国际友人交往时，要熟知并尊重各国、各民族的礼节和风俗习惯。

（4）礼仪

礼仪包括礼节和仪式，是指在一定的社会交往场合中，为表示相互尊重、敬意、友好而约定俗成的、共同遵循的行为规范和交往程序。从广义的角度来看，礼仪是一系列特定礼节的集合。它既包括在较大、较正规的场合隆重举行的各种仪式，也包括人们在社交活动中的礼貌礼节，如正式交往场合对服饰、仪表、举止等方面的规范与要

内容讲解 5

求。在中国古代社会，礼仪既包含一般行为规范，又涵盖政治、法律制度。近代以后，礼仪的范畴逐渐缩小，礼仪与政治体制、法律典章、行政区划、伦理道德等逐步分离。从狭义的角度来看，现代社会的礼仪一般只包括礼节和仪式，只是指现代社会中反映一定规则的习俗和程序，表示礼貌、敬重的礼节和仪式。

礼貌、礼节、礼仪三者的联系在于，都体现一个"礼"字，是人们在交往中相互表示敬重和友好态度的行为。礼貌是礼节的规范，礼节是礼貌的具体表现，礼仪则通过礼貌、礼节得以体现，三者相辅相成，密不可分；三者的区别在于，礼貌是表示尊重的言行规范，礼节是表示尊重的惯用形式和具体要求，礼仪则是为表示敬意而举行的仪式。

其一，没有礼节，就无所谓礼貌；有了礼貌，就必须伴有具体的礼节。事实上，有礼貌的人并不意味着懂社交礼节。同样，熟知礼节的人也未必时时处处都讲礼貌。若有礼貌之心而不懂礼节，容易失礼。没有礼貌而只学些表面的礼节形式，就难免机械模仿、故作姿态，使人感到虚假。要真正做到懂礼貌就需要学习、掌握交际礼节。通晓交际礼节的人对所有人都会一视同仁地讲礼貌。这是一个既简单又明确的辩证关系。也就是说，讲礼貌与懂礼节应是内在品质与外在形式的协调统一。

内容讲解 6

其二，礼仪的文化内涵要相对深些，多用于较大规模或较隆重的场合。一般说来，礼节产生于礼仪之前。最初的社会交往活动规模较小，礼节也较为简单，随着社会交往的复杂化和现代化，交往活动频繁，礼节也复杂，于是逐渐形成了一些约定俗成的礼节程序。因此，礼节是礼仪的基础，礼仪涵盖了礼节的内容。

其三，礼仪是对礼节、仪式的统称。礼貌是礼仪的基础，礼节是礼仪的基本组成部分。换言之，礼仪在层次上要高于礼貌、礼节，其内涵更深、更广。礼仪，实际上是由一系列具体表现礼貌的礼节所构成的，是一个体现礼貌的系统和完整的过程。所以，礼仪指人们在正式或隆重的场合，为表示重视、尊重、敬意而所举行的合乎礼貌、礼节要求的仪式和律己、敬人的具体行为规范体系，它代表了礼貌、礼节、仪式的全部含义。

🔍知识衍生 1

（5）商务礼仪

商务礼仪是礼仪的重要分支之一，指企业的商务人员在商务活动中，为了塑造个人或者企业的良好形象而应当遵循的对交往对象表示尊敬与友好的规范或程序，即商务人员在商务活动中所应恪守的行为规范。界定商务礼仪的概念有助于明确商务礼仪的适用对象，有助于明确商务礼仪的有效范围，有助于明确商务礼仪的基本内容。遵循商务礼仪规范，不仅有利于营造良好的交易氛围，促成交易与合作的成功，而且能体现个人与企业的良好素质，树立与巩固个人、企业的良好形象，对于企业文化建设、客户关系建立、公共关系处理、市场开发拓展等商务活动有积极的意义。

👤内容讲解 7

💬 **礼仪小贴士 1-1**

礼学三著作

汉代时，孔门后学编撰的《礼记》问世。《礼记》共计 49 篇，包罗宏富。其中，有讲述古代风俗的《曲礼》；有谈论古代饮食居住进化概况的《礼运》；有记录家庭礼仪的《内则》；有记载服饰制度的《玉藻》；有论述师生关系的《学记》；还有教导人们道德修养的途径和方法，即"修身、齐家、治国、平天下"的《大学》；等等。总之，《礼记》堪称集上古礼仪之大成，汇集上承奴隶社会、下启封建社会的礼仪，是封建时代礼仪的主要源泉。盛唐时期，《礼记》由"记"上升为"经"，与《周礼》和《仪礼》一起成为"礼经"三书之一。

2. 商务礼仪的构成要素

商务礼仪的构成要素，包括主体、客体、媒介和环境四部分。换言之，任何商务礼仪活动都是在一定的环境下，由商务礼仪主体借助商务礼仪媒体向特定的商务礼仪客体表达和呈现的。商务礼仪的构成要素如图 1-2 所示。

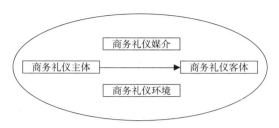

图 1-2　商务礼仪构成要素

（1）商务礼仪的主体

商务礼仪的主体是商务礼仪的实施者或操作者。商务礼仪活动规模较小、较为简单时，商务礼仪的主体可以是个人；商务礼仪活动规模较大、较为复杂时，商务礼仪的主体也可以是组织。没有商务礼仪主体，商务礼仪活动不可能进行，商务礼仪也就无从谈起。

（2）商务礼仪的客体

商务礼仪的客体是指商务礼仪的对象，指商务礼仪的指向者和承受者。从外延上讲，商务礼仪的客体可以是人，也可以是物；可以是物质的，也可以是精神的；可以是具体的，也可以是抽象的；可以是有形的，也可以是无形的。没有商务礼仪客体，商务礼仪也就失去了对象，就不称其为商务礼仪。商务礼仪的主客体是对立统一的关系。

知识衍生 2

（3）商务礼仪的媒介

商务礼仪的媒介是指商务礼仪活动所依托的一定的媒介。其类型可分为言语交际符号（口头与书面言语交际符号）和非言语交际符号（体势言语交际符号、近体言语交际符号、辅助言语交际符号、类语言言语交际符号）两种。任何商务礼仪都必须使用媒介，不使用媒介的商务礼仪是不可能存在的。

（4）商务礼仪的环境

商务礼仪的环境指的是商务礼仪活动得以进行的特定的时空条件，表现为自然环境与社会环境。商务礼仪的环境经常制约着商务礼仪的实施。不仅实施何种具体的商务礼仪由其决定，而且商务礼仪的具体实施方法也由其决定。

内容讲解 8

🗨️ **礼仪小贴士 1-2**

东西方赞誉与应答的差异

一位英国老妇到中国游览观光，对接待她的导游小姐评价颇高，认为她服务态度好，语言水平也很高，便夸奖导游小姐说：你的英语讲得好极了！导游小姐马上回说：我的英语讲得不好。英国老妇一听生气了，英语是我的母语，难道我不知道英语该怎么说？

老妇生气无疑是导游小姐忽视东西方礼仪差异所致。西方讲一是一，二是二，而东方人讲究的是谦虚，是凡事不张扬。对待赞扬，中国人往往使用否认或自贬的方式，以示谦虚，而西方人则往往采取迎合的态度表示感谢，或流露出十分高兴的神情。如一位外宾说 Your English is very good，中国人往往会说 My English is very poor。而西方人一般用 Thank you 来回答，简洁得体。

3. 商务礼仪的基本特征

（1）普遍认同性

商务礼仪是在世界范围内的商务活动领域被共同认可、普遍遵守的规范和准则。

内容讲解9

（2）形式规范性

商务礼仪的表现形式在一定程度上具有一定的规范性，各种商务仪式和商务礼节，在程序、形式等方面都有约定俗成的惯例、流程和标准，需要遵照执行，否则就会传递错误的信息，轻者贻笑大方，重者甚至会酿成大错。

（3）时代变化性

商务礼仪也伴随着时代的发展而发生变化，比如在现代快节奏、高效率的经济生活环境之下，现代商务礼仪也抛弃了很多繁文缛节，向着更加简洁、更加务实的方向发展。

（4）地域差异性

不同的文化背景产生不同的地域文化，从而影响了商务礼仪的内容和形式差异。礼仪形式的差异均是由不同地方风俗文化决定的，具有约定俗成的影响力。

（5）文化交融性

随着世界各国经济文化的不断交流，世界各民族的礼仪文化也会相互渗透和融合，体现了一定的文化交融性。商务礼仪的发展和演进体现了国际上通行的礼仪实践惯例和世界各民族不同的礼仪习俗相结合而形成的鲜明特征。

（6）对象差异性

根据对象的不同施以恰当的礼仪，如个人与群体的差异、东西方差异、性别差异、年龄差异等。

内容讲解10

（7）便于操作性

商务礼仪不仅强调"知"，更强调"行"，也就是依礼而行，规范操作。

（二）商务礼仪的基本理念

所谓理念，即有关某一事物的基本观念。"观念决定思路，思路决定出路"，倘若商务人员在具体操作商务礼仪时基本理念有误，则难免徒劳无益。

1. 尊重为本

首先，商务礼仪以"尊重"为基本理念。在商务交往中，人际关系的处理是很复杂的工作，在处理人际关系中很重要的一点就是以尊重为本。尊重为本是商务礼仪中最基本的理念。

尊重为本要注意两个方面：一是讲自尊。在商务交往中，商务人员要考虑到自身形象和企业形象，在交往中自尊自爱。缺乏自尊，就不可能赢得对方的尊重。自尊体现在商务人员的穿着打扮、待人接物、一举一动中。莎士比亚曾经说过："一个人的穿着打扮，是自身教养最形象的反映。"比如，对商务交往中的职业女性在着装打扮、饰物佩戴的总体要求是要符合其身份，以少为佳，不能喧宾夺主，穿着不能比她的客户更漂亮，以免引起对方心理上的不平衡。同时，因为在商务场合倡导的是一种"爱岗敬业"的工作精神，所以也要求职业女性在工作场合尽量不要佩戴珠宝首饰（有展示自己财力之嫌）。二是尊重交往对象。对交往对象进行准确的定位，包括对其职业、身份地位、受教育程度等的了解。比如，在涉外交往中，在互赠礼品时，必须对礼品进行包装，包装意味着郑重其事，不加包装就是不够尊重对方。一般来讲，包装的成本不高于礼品价值的1/3；而接受礼物的一方，在接收到有包装的礼品时一定要当面打开，并对礼物表示欣赏和称赞，这意味着对对方的感谢。

内容讲解 11

2. 善于表达

善于表达是商务礼仪的一个很重要的基础理念。不仅都要有所表达，而且还要规范地表达。表达的方式是多种多样的，有语言上的表达、动作上的表达和着装上的表达等。有些表达方式是有声的，有些则是无声的。比如，对男性商务人员而言，其腰部是不能挂东西的（包括手机、钥匙等），因为这会传递给他人杂乱、无序的信息，正确的做法是把这些东西都放在公文包里的。放的位置不同，它所展现的个人修养就不同。

3. 形式规范

商务礼仪强调形式规范，目的就是提高员工的素质，维护企业形象。讲不讲规矩是一个企业形象的问题。一般而言，形式规范主要涉及"有所不为"与"有所为"等两个互有联系的不同层面。其一，必须明确"有所不为"。所谓"有所不为"，即具体操作商务礼仪时，首先需要注意"不能做什么"。比如，不能讲什么话、不能做什么事，等等。在此方面不出现差错，即可"问题最小化"，不仅自己可以不出洋相，而且还可避免失礼于他人。其二，必须尽力"有所为"。所谓"有所为"，即具体操作商务礼仪时，应该了解"需要如何做"，或者"如何做得更好"。比如，应该怎样讲话，应该怎样办事情。在此方面尽力而为，就会令自己的所作所为好上加好。在操作商务礼仪时，需要强调的是："有所不为"是商务人员皆须力戒的。"有所为"，则是商务人员所努力的目标。

尊重为本、善于表达、形式规范三者互相关联，尊重为本是出发点，而尊重必须表达出来，表达要有效果，就必须注重形式规范。

知识衍生 3

（三）商务礼仪的基本规律

1. 约定俗成律

约定俗成律是指商务礼仪的各种规范都是在商务活动中共同约定、众所习用的，商务人员应"谨修其法而审行之"。

2. 等级相称律

商务礼仪的等级要与商务礼仪主、客体的等级相称，要做到长幼有序、上下有别。

> **礼仪小贴士 1-3**
>
> **梅汝璈妙语争座次**
>
> 1946 年 5 月，远东国际军事法庭审判以东条英机为首的 28 名日本甲级战犯，为了排定法庭座次，11 个参与国的法官们展开了一场激烈的争论。中国法官理应排在庭长左手的第二把椅子，可是由于中国国力不强而被各强权国否定。在这种情况下，唯一出庭的中国法官梅汝璈面对列强展开了一场机智的舌战。梅法官首先阐明排定法庭座次所应坚持的唯一正确的原则立场，那就是按日本投降时各受降国的签字顺序，接着，他微微一笑，说："当然，如果有同仁不赞成这一办法，我们不妨找个体重测量器来，然后以体重大小排座，体重者居中，体轻者居旁。"各国法官听后都忍俊不禁。庭长笑着说："你的建议很好，但它只适用于拳击比赛。"梅法官接着回答说："若不以受降国签字顺序排坐，那还是按体重排列的好。这样纵使我被置末座亦心安理得，并且可以对我的国家有所交代，一旦他们认为我坐在边上不合适，可以派另一名比我肥胖的来替换我呀。"这一席幽默而又具有讽刺性的妙语引得法官们哈哈大笑。就在这笑声中，法官们对梅汝璈提出的排座原则表示了认可，中国法官终于得到了法庭上的第二把交椅。

3. 时空有序律

时空有序律是商务礼仪主、客体等级相称律的体现，反映的是主、客体各自的地位、权力、尊严和荣誉。

内容讲解 12

4. 客随主便律

客随主便律指作为商务活动的客方应遵循主方的有关礼仪规范。了解当时当地的礼仪规范是遵循客随主便律的前提。同时，主随客便律是对客随主便律的应用和发展。既坚持客随主便律，又不失主随客便的精神，是现代商务礼仪的真正体现。

知识衍生 4

🗨 礼仪小贴士 1–4

商务礼仪重在"商务"

商务礼仪重在"商务"：商务情景、商务时间、商务场合、商务角色等，商务礼仪中没有个人行为，没有个人喜好，不要告诉我"你"喜欢什么，"你"讨厌什么，忘记自己是谁，收起个人爱好，放下自我憎恶。是故，商务礼仪与小"你"无关，商务时间中的你的言行只代表你的企业、你的商务角色和你的商务责任。

（四）商务礼仪的作用

1. 塑造形象作用

内容讲解 13

礼仪最基本的功能就是规范各种行为。商务礼仪能展示企业的文明程度、管理风格和道德水准，塑造企业形象。良好的企业形象是企业的无形资产，可以为企业带来直接的经济效益。一个人讲究礼仪，就会在众人面前树立良好的个人形象；一个组织的成员讲究礼仪，就会为自己的组织树立良好的形象，赢得公众的赞誉。现代市场竞争除了产品竞争外，更体现在形象竞争。一个具有良好信誉和形象的公司或企业，就容易获得社会各方的信任和支持，就可在激烈的市场竞争中处于不败之地。

2. 传递信息作用

一个公民的公共文明水平，可以折射出一个社会、一个国家的文明程度。一个员工的文明水平也可以折射出一个企业的文化。良好的礼仪可以更好地向对方展示自己的长处和优势，表达出对对方尊敬、友善、真诚的感情。在商务活动中，恰当的礼仪可以获得对方的好感、信任，进而推动事业的发展。

3. 沟通协调作用

随着社会的发展，在各种商务交往中逐渐形成的行为规范和准则，指导商务人员立身处世、立身社会，协调人与人之间的关系和人与社会的关系，使人们友好相处。在尊重他人的前提下，遵守礼仪规范，按照礼仪规范约束自己，就容易使人际感情得以沟通，建立起相互尊重、彼此信任、友好合作的关系。

4.提高效益作用

礼仪是生产力，它所带来的经济效益和社会效益是不可估量的。在商务交往中，正确使用商务礼仪，可以促使商务活动顺利进行，促进双方业务合作，给企业树立良好声誉，从而帮助企业建立广泛合作关系，提高企业的经济效益和社会效益。

5.维护和教育作用

礼仪是整个社会文明发展程度的标志。礼仪有助于提高人们的道德修养、规范人们的语言行为，防止和减少丑恶现象的发生，还有助于净化社会风气，推进社会主义精神文明建设。同时，礼仪也反作用于社会，对社会的风尚产生影响，推动社会主义精神文明的建设。

知识衍生 5

> 🗨 **礼仪小贴士 1-5**
>
> **商务人员的个人修养**
>
> 英国学者大卫·罗宾逊概括出了商务人员从事商务活动的黄金规则，具体表述用"IMPACT"概括，即：integrity（正直），manner（礼貌），personality（个性），appearance（仪表），consideration（善解人意），tact（机智）。

二、情景模拟演练

（一）实训目的和要求

通过实训，明确商务礼仪的基本内涵、特征、理念、规律及相关概念的知识内容，掌握商务礼仪的四大构成要素，经过反复训练，提升个人商务礼仪素养和商务活动交往能力。

（二）场景设计

小王是浙江省某小家电生产厂家的销售员，三天前与某大型超市采购部经理林女士约好 4 月 26 日上午 10：00 到林经理办公室洽谈业务。如果这笔生意谈成，小王今年的销售任务就完成 60% 了。4 月 25 日晚上因有工作应酬，小王到家时已是 22：30 了，但为了慎重起见，小王于 22：40 拨通了林经理的手机，确认了第二天的见面时间和地点。

第二天早上，小王怀着激动的心情认真地进行了一番准备，穿衣镜中的他帅气又自信，他特别满意藏青色的"鳄鱼"牌夹克衫与衬衫、领带的颜色搭配得非常协调。

考虑到自己的住处与林经理的单位只有 15 分钟的车程，小王带着自己的公文包、雨伞下楼，9：30 乘了一辆出租车直奔见面地点。由于雨天路滑，有一路段发生了一起交通事故造成交通堵塞，小王上车才 5 分钟，他乘的车就被堵在了路上。

眼看时间一点点过去，小王心急如焚，但又无可奈何。10 分钟后道路畅通了，9：55 小王终于到了林经理的办公楼下。小王加快步伐，只用了 2 分钟时间，就到了林经理办公室所在楼层的服务台。小王急切地向前台的服务小姐问道："林经理的办公室是哪一间？"服务小姐礼貌地回答道："先生您好！林经理的办公室在 516 房间，由此向前走到头，右边第三个门就是。"小王说了声"谢谢"，快步走向林经理的办公室，9：58 终于到达林经理办公室门口，小王舒了口气，很庆幸自己没有迟到……

小王敲了下门，得到林经理"请进"的回应后推门进入。小王走向林经理主动与她边握手边说道："林经理，您好！我是某某厂的小王。"说完双手递上了自己的名片，顺手就搬了把椅子挨着林经理坐了下来，打开公文包，将自己的产品介绍资料递给林经理。林经理礼貌地接过名片和资料，边看边询问一些情况。突然，小王的手机响了，小王一看是女朋友打来的，就小声地对女友说："我正在谈生意，过会儿打给你。"说完他就挂了电话……

（三）实训步骤

1. 教师进行空间礼仪知识的讲解。

2. 学生进行分组，8~10 人一组（本课程各模块实训均可以此分组为准），每小组确定一名主持人（组长）。

同步训练

3. 分组讨论，从商务礼仪的角度看，小王的表现有哪些不妥之处，并说明理由。

4. 各组选派一名代表进行组间交流。

5. 回答评判组提问（各组派一名代表组成评判组）。

6. 教师进行总结，实训结束。

（四）效果评价

商务礼仪基础实训的效果评价见表 1-1。

表 1-1　商务礼仪基础实训考评

考评人		被考评人			
考评地点		考评时间			
考核项目	考核内容	分　值	小组评分 50%	教师评分 50%	实际得分
商务礼仪基础	1. 对礼的理解准确无误	20			
	2. 能理解商务礼仪的含义、本质与理念	30			
	3. 能准确理解商务礼仪的构成要素	25			

续表

商务礼仪	4. 能理解并践履礼仪规律	25			
基础	合计	100			

注：考评满分为 100 分，60~70 分为及格，71~80 分为中等，81~90 分为良好，91 分及以上为优秀。（该表可复印后灵活用于教学）

三、学习效果后测

1. 在你的印象中，哪些人是你不喜欢与之交往的？

2. 请归纳网络图片（见图 1-3）中的不符合礼仪规范的现象，并想一想在校内和日常学习生活中，有哪些不符合礼仪规范的现象，尽可能提供图片和影像资料。

⏱即问即答 1

图 1-3 不符合礼仪规范行为举例

3. 古人说："仓廪实而知礼节。"你是如何理解这句话的？

4. 搜集一至两则中国古代有关礼仪的佳话，并向周围的人宣讲。

5. 请你以"商务礼仪就在我们身边，掌握后随时可有用武之地"为中心，并就以下两个问题进行讨论：

（1）礼节礼仪与职业道德有怎样的关系？

（2）职业技术学院的学生掌握礼仪礼节的重要意义何在？

⏱即问即答 2

6. "只有留给人们良好的印象，你才能开始第二步。"请阐述你对此的看法，并结合商务礼仪课程的学习，谈谈你的设想。

7.阅读下列五则案例，请你说说它们反映的礼仪道理。

[花三分钟感谢] 一家日资公司的公关部要招聘一位职员，许多人参与了角逐。公司的面试和笔试流程十分烦琐，一轮轮淘汰下来，最后只剩下五个人。五个人都很优秀，都有较好的外表条件和学识，都毕业于名牌大学。公司通知五个人，聘用谁得由日方经理层会议讨论通过才能决定。于是五个人安心地回家，等待公司最后的决定。

几天后，其中一位的电子信箱里收到一封信，信是公司人事部发来的，内容是："经过公司研究决定，你落聘了，但是我们欣赏你的学识、气质，因为名额所限，实是割爱之举。公司以后若有招聘名额，必会优先通知你。你所提交的材料被录入电脑存档，不日将邮寄返还于你。另外，为感谢你对本公司的信任，随信寄上本公司产品的优惠券一份。祝你开心。"

她在收到电子邮件的一刻，知道自己落聘了，十分伤心，但又为外资公司的诚意所感动。两天后，她收到了寄给她的材料和一份优惠券，另加一个电子信件中没有提及的带有公司标志的小饰物。她十分感动，花了三分钟时间用电子邮件给那家公司发了一封简短的感谢信。

但两个星期后，她接到那家日资公司的电话，说经过日方经理层会议讨论，她已被正式录用为该公司职员。后来，她才明白这是公司的最后一道考题。公司给其他四个人也发了同样的电子信件，也送了优惠券和小饰物。但是回信感谢的人只有她一个。她能胜出，只不过因为多花了三分钟时间去感谢。

[美国教授的逐客令] 某高校聘请美国的一位物理学家为客座教授，有一年夏天这位教授前来该校讲学。一天傍晚，学校的几位物理教授一同前往专家楼探望他。不料，按响门铃，对方开门后看见是他熟悉的同行教授们，不但没有热情地让教授们进门，反而脱口说道："我现在正在准备明天的讲座内容，因为你们没有事先预约，所以没有提前安排与你们交谈的时间，我看还是另约时间再谈吧！"结果，教授们此次的好意拜访未能如愿。

第二天，该校的教授们在预约征得同意后才得以去拜访这位来自大洋彼岸的客座教授。

[拿破仑与亚历山大一世的会晤] 1807年，法国皇帝拿破仑与沙皇亚历山大一世会晤时，为了维护双方尊严，两位皇帝在会晤地点上煞费苦心，安排了一条精心制造的驳船停泊在普鲁士涅曼河的正中，这里正好是两个帝国的边界线。船上造起了两间一样的房子，各自的房门朝河的一岸。而且双方商定，双方君主要在相同的时间到达己方的河岸，并在同一个时间被渡到驳船上开始会谈，以显示双方的平等。

[跨越大洋的世纪握手] 1972年2月21日上午11：30，美国第37任总统理查德·尼克松总统乘坐的"空军一号"专机飞抵北京，这是新中国成立后，美国国旗首次在北京上空飘扬。身着深蓝色大衣的周恩来总理为尼克松在首都机场南机坪举行

了欢迎仪式。当飞机舱门打开后，尼克松和夫人先行走下舷梯，在离地面还有三四级台阶时尼克松就身体前倾，向周总理伸出手说："我非常高兴来到中华人民共和国的首都——北京。"周总理一语双关地回答说："你的手伸过了世界上最辽阔的海洋——我们25年没有交往了！"尼克松单独下机和周恩来握手的场面，是尼克松精心安排的，意味深长。这既向世界宣示了对抗了20余年的中美两国改善和发展相互关系的决心，也是为了纠正1954年在日内瓦会议上美国国务卿杜勒斯拒绝与周恩来握手的错误。

即问即答 3

[邓小平的待客之道] 1985年9月20日，邓小平来到人民大会堂，准备会见新加坡总理李光耀。邓小平有一个习惯，每次会见外宾时，总是从家里自带香烟，先点燃一支烟后再听有关人员的汇报。

可是这一次他却未掏烟，工作人员把香烟递过来，他也断然回绝，说今天不吸烟了。旁边的人惊奇地问他，今天为什么宣布不吸烟了，他说是因为李光耀总理闻不得烟味儿。原来1978年邓小平访问新加坡时，虽然新加坡总统府里有规定，冷气房里不准吸烟，李光耀还是特地在显眼的地方为邓小平摆了个烟灰缸，晚餐时也请邓小平吸烟，但邓小平都没吸烟。因为邓小平也看过报道，知道李光耀总理对香烟敏感。这一次作为主人会见李光耀总理，邓小平也主动不吸烟。

📑 情商加油站

情商（emotion quotient，简称EQ），主要是指一个人对自己情绪的把握和控制，对他人情绪的揣摩与驾驭，以及对人生的乐观程度和面对挫折的承受能力等。它的水平高低能影响一个人的生活、事业是否幸福成功。

总的来讲，人与人之间的情商并无明显的先天差别，更多与后天的培养息息相关。情商是近年来心理学家们提出的与智力和智商相对应的概念。

美国耶鲁大学的彼得·萨洛维教授和新罕布什尔大学的约翰·梅耶教授于1990年正式提出"情感智商"这一术语。他们把情感智商描述为三种能力组成的结构。这三种能力分别是：准确评价和表达情绪的能力；有效调节情绪的能力；将情绪体验运用于驱动、计划和追求成功等动机和意志过程的能力。

趣味贴士

CHAPTER2

第二章

商务着装礼仪

引言

不敬他人，是自不敬也。——《旧唐书》

不学礼，无以立。——《论语》

穿着套裙，可以马上让一位职业女性显得与众不同，并且能够恰如其分地展示她的认真工作态度和温婉的女性美。——佚名

最朴素的往往是最华丽的，最简单的往往最时髦，素装淡抹常常胜过浓妆艳服。

——莫鲁瓦

精致服装的好处是为你提供赢得尊敬需要的手段。——塞缪尔·约翰逊

无论如何，一个人应永远保持有礼和穿着整齐。——海登斯坦

服装往往可以表现人格。——莎士比亚

我们都是亚当的后代，但衣着造成了我们之间的差异。——福勒

教学说明

学习目标

专业能力目标	（1）可识别实际生活中的哪些礼仪属于着装礼仪的范畴
	（2）能够合理运用服饰礼仪
	（3）能够搜集商务着装礼仪相关案例并进行简单解说
	（4）能够运用商务礼仪知识，规范自身言行，提高自身修养，提升可持续发展能力
方法能力目标	（1）能自主学习新知识
	（2）能够通过电视、报纸、网络等媒体资源查找着装礼仪相关知识
	（3）具有良好的审美情趣
社会能力目标	（1）树立传承文化、开拓创新的意识
	（2）提升自身审美能力与个人整体形象
	（3）具有较强的口头表达能力、人际沟通能力

职业形象是商务礼仪"内强素质、外塑形象"的重要组成部分，对个人形象及企业形象有着重要的影响。本模块通过商务正装的穿着从静态方面训练提升学生的职业形象和风度气质。

一、知识目标前测

（一）商务男士着装礼仪

西装，是一种国际性的服装，被认为是男士正统服装，是商务男士正式场合着装的优先选择，商务男士西装的样式如图 2-1 所示。

图 2-1　商务男士西装

1. 男士西装的分类

（1）按西装件数划分

①单件上装。

在非正式场合，如外出游玩、参观、一般性聚会、购物等，若穿西装，最好只穿单件的上装，配以其他色调和面料的裤子。

②两件套西装。

两件套西装的上下装面料的颜色和质地要一致。在半正式场合，如一般性会谈、访问、会议，白天举行的比较隆重的活动、宴会，特定的晚间社交活动场合时，最好穿着颜色素雅的套装，以单色最为适宜。

③三件套西装。

两件套西装再加上同色同料的背心（马甲）就成为三件套西装。马甲不是西服着装的必需配件，但是在天气寒冷的季节，加穿一件背心不但有一定的装饰效果，也可以起到一定的御寒作用。

注意，在正式场合不能脱下外衣单独穿背心。一般情况下，西装背心只能与单排扣西装上衣配套。

（2）按照西装纽扣的排列划分

①单排扣西装。

单排扣西装又有单粒扣、两粒扣、三粒扣之分。单粒扣的西装需

👤 内容讲解 1

👤 内容讲解 2

👤 内容讲解 3

👤 内容讲解 4

要扣上；两粒扣式的西装讲究"扣上不扣下"，即只系上边那粒纽扣；三粒扣的西装上衣，要么系上面两粒纽扣，要么只系中间那粒扣。

②双排扣西装。

双排扣的西装，由于设计风格偏于稳重，纽扣的扣法也相对保守，在着装时一般要把纽扣全部系上。

需要指出的是，如果是就座状态，可以把全部纽扣都解开，这样一是使服装不容易"扭曲"变形，二是使人坐得舒服自然。

🔍知识衍生1

🗨 礼仪小贴士 2-1

职场西装的款式

欧式西服：领型狭长，腰身中等，胸部收紧突出，袖笼与垫肩较高，整体造型优雅，一般为双排扣。

英式西服：外观与欧式相仿，但垫肩较薄，后背开衩，绅士味道很足。

美式西服：领型较宽大，垫肩适中，胸部不过分收紧，两侧开衩，是一种比较自然的风格流派。

日式西服：外观略呈"H"形，领型较窄较短，垫肩不高，后部多不开衩，一般为单排两粒扣。

以上几种西装款式中最适合中国人的无疑是日式西服，其设计考虑到了东方人的形体特征。

2. 男士西装的穿着规范

（1）西装的色彩及图案

西装的色彩必须显得庄重、保守，如藏蓝、藏青、灰色、棕色等，黑色的西装亦可以考虑，但它更适合庄严和肃穆的礼仪活动中穿着。按照惯例，越是正规的场合，越讲究穿单色的西装。西装表现的是成熟、稳重，所以西装一般以没有图案为好。

👤内容讲解5

（2）合身

合身的西服上装，其标准长度应该符合：当人自然站立手臂自然弯曲时，手指刚好触及西装的底边（也可以因人而异稍长或稍短），如果手伸直的话，底边应该在中指的第二关节处。而西裤后脚以落在鞋帮 1/2 处为宜。

👤内容讲解6

（3）西装穿着中的"三个三"

①三色原则：身上的颜色一般不宜超过三种（三个色系），包括西装、衬衫、领带、鞋袜在内。

②三一定律：商务男士的腰带、皮鞋和公文包应该为同一色系，且应为黑色。

③三大禁忌：袖口上的商标没有拆；在非正式场合穿夹克打领带；商务男士在正式场合穿西装套装时穿白色袜子。

3. 男士西装的搭配

（1）西装的搭配与衬衫的搭配

①搭配西装的衬衫，颜色应与西装颜色协调，在正式场合，一般选择棉质的白色衬衫。

内容讲解7

②与西装配套的衬衫要求是硬领式的，必须挺括、整洁、无皱褶，尤其是领口。

③西装穿好后，衬衫领应高出西装领口一厘米左右，衬衫袖长应比西装上装衣袖长出一厘米左右，这就是穿西装的"两一规则"。这样既可以避免西装袖口受到过多的磨损，而且白色衬衫可以衬托出西装的美观，显得更干净、利落。

④在正式场合，不管是否与西装合穿，长袖衬衫的下摆必须塞在西裤里，袖口必须扣上，不可翻起。

⑤系领带时衬衣领口扣子必须系好，不系领带时衬衣领口扣子应解开。

⑥选衬衫时，领围以合领后可以伸入一个手指头为宜。

⑦每位男士都应该至少有一件白色或浅蓝色的领部扣扣衬衫。

（2）西装与领带的搭配

领带被称为"西装的灵魂"，它是西装的重要装饰品，在西装的穿着中起画龙点睛的作用，是专属于男士的饰物。男士穿西装时，特别是穿西装套装时，不打领带往往会使西装黯然失色。

一套同样的西装，只要经常更换不同的领带，往往也能给人以天天耳目一新的感觉。领带打好之后，外侧应略长于内侧，如图2-2所示。其标准的长度，应当是领带的下端正好触及腰带扣的上端。领带打好以后，应被置于合乎常规的位置。穿西装上衣系好衣扣后，领带应该处于西装上衣与内穿的衬衫之间。如果穿毛衣或者毛背心，应将领带置于它们与衬衫之间。

内容讲解8

图2-2　商务男士领带

领带结的基本要求是，挺括、端庄、形状呈倒三角形。原则是领带结的大小大体上应与同时所穿的衬衫领子的大小成比例，即衬衣的领角越大，领带结扎得越大；领角越尖，领带结扎得越小；领角适中，领带结也扎得适中。温莎结的打法步骤如图2-3所示，图中的讲解全是镜像，意思就是如果您站在镜子前打领带，您将看到下列的影像：

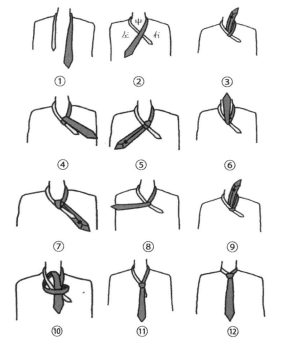

内容讲解 9

图 2-3 温莎结的打法

① 开始时领带的大领应该放在您的右边，而小领则应该放在您的左边；

② 把大领跨在小领之上，形成三个区域（左、右、中）；

③ 把大领翻到小领之下，到达中区域；

④ 把大领翻出至右区域；

⑤ 把大领从小领之下由右翻到左；

⑥ 把大领翻上到中区域；

⑦ 把大领从领带结之下由中翻到右；

⑧ 把大领翻到前面至左区域；

⑨ 把大领翻到小领之下，由左至中；

⑩ 把大领穿过前面的圈，并束紧领带结；

⑪ 一只手轻拉着小领前端，另一只手把领带结移至衣领的中心；

⑫ 手固定领结，一手轻拉小领，整理成型，并力求使大领底端置于腰带上端。

当然，领带的打法多样，还有其他一些打法，如：

①平结。平结是男士选用最多的领结打法之一，几乎适用于各种材质的领带。平结会在领结下方形成一个"酒窝"，要注意两边均匀对称，如图 2-4 所示。

图 2-4 平结的打法

②交叉结。这是颜色素雅且面料较薄领带适合选用的领结。对于喜欢展现流行感的男士不妨多使用"交叉结"，如图 2-5 所示。

图 2-5 交叉结的打法

③双环结。一条质地细致的领带再搭配上双环结颇能营造时尚感，适合年轻的上班族选用，该领结完成的特色就是第一圈会稍露出于第二圈之外，可别刻意给盖住了，如图 2-6 所示。

内容讲解 10

图 2-6 双环结的打法

④双交叉结。双交叉结给人一种高雅且隆重的感觉，适合正式活动场合选用。该领结应多运用在素色丝质领带上，搭配大翻领的衬衫，不但适合且有种尊贵感，如图 2-7 所示。

图 2-7 双交叉结的打法

（3）**西装与皮带的搭配**

①与西服相匹配的皮带要求是皮质材料，光面、深色、带有钢质皮带扣。

②宽窄一般在2.5厘米左右，皮带的颜色应与鞋子和公文包的颜色统一。

内容讲解11

③穿西装时，皮带上不要挂手机、钥匙等物品。

（4）**西装与鞋袜的搭配**

①穿西装一定要穿皮鞋，即便是夏天也应如此。

②和西装搭配的皮鞋最好是系带的、薄底素面的西装皮鞋。皮鞋的颜色要与服装颜色搭配，深色西装搭配黑色皮鞋。

内容讲解12

③皮鞋要上油擦亮，不留灰尘和污迹。

④穿西装皮鞋时，袜子的颜色要深于鞋的颜色，一般选择黑色。

⑤袜筒的长度要高及小腿并有一定弹性，袜口太短或松松垮垮的袜子，坐下来时会露出腿部皮肤或腿毛，不符合礼仪规范。

⑥特别强调的是穿西装一定不能穿白色袜子。

（5）**西装与公文包、钱夹的搭配**

①与西装搭配的公文包是长方形公文包，面料以真皮为宜，并以牛皮、羊皮制品为最佳。

②颜色一般选择黑色或咖啡色，最好与皮鞋和皮带的颜色一致。

内容讲解13

③造型要求简单大方，除商标之外，公文包在外观上不宜再带有其他图案和文字。

④穿西装时，应该使用皮制的、造型长而扁的西服钱夹，钞票可以平放其中，西服钱夹应该插放在西装内兜里，不能装太多东西，以免破坏西装的平整。

（6）**西装与手表、饰品的搭配**

①与西服相配的手表要选择造型简约、颜色比较保守、时钟标示清楚、表身比较平薄的商务款式。

②男士在职业场合的首饰要减到最少，至多戴一枚婚戒。

内容讲解14

③西装手帕是以熨烫平整的各种单色丝质手帕折叠而成，可以折叠成式三角形、三尖峰形、V形等，插于西装上衣左上侧的胸袋，起到锦上添花的效果。

知识衍生2

💡**礼仪小贴士 2-2**

千古传诵的一纸镜铭

周恩来在南开中学读书时，在大立镜旁树了面"纸镜"，上书四十大字：

面必净，发必理，衣必整，纽必结；

头宜正，肩宜平，胸宜宽，背宜直；

气度：勿傲，勿暴，勿怠；

颜色：宜和，宜静，宜庄。

（二）商务女士着装礼仪

女士在职业场合的服装以职业套裙最为规范和常见，一方面是因为这种形式和线条的服装，会给职业女性以权威感；另一方面，西装套裙早已被具有国际影响力的大集团、大公司所采用，赋予它更强的职业符号性和标记功能。

1. 职业套裙的分类

20世纪30年代，法国时装设计师克里斯蒂安·迪欧，以拉丁字母为形式，创造了"H"形、"X"形、"A"形、"V"形等四种造型模式，这四种造型各有各的特点。

① "H"形套裙指上下无明显变化的宽腰式服装，上衣较为宽松，裙子多为筒式。上衣和裙子浑然一体。其形状如一个上下等粗的拉丁字母H。穿着此种服装，给人以自由、轻松、洒脱之感，既可以让穿着者显得含蓄和庄重，也可以掩盖身材较胖的缺点。

👤内容讲解 15

② "X"形套裙是根据人体外型的自然曲线——肩宽、腰细、臀围大的特点而设计的服装，符合人体的体型特征。"X"形套裙上衣多为紧身式，裙子则大都是喇叭式，穿着起来能够充分反映出人体的自然曲线美，突出着装者腰部的纤细。给人以活泼、浪漫之感。

👤内容讲解 16

③ "A"形套裙指上小下大的服装造型。基本特点是肩部下坠、贴体，裙子下摆宽大，有的还呈波浪形。20世纪50年代后流行于欧美各国的连袖式服装即是这种类型。由于此种服装肩部窄小，裙摆宽大，穿着时给人以优雅、轻盈、飘逸之感。

👤内容讲解 17

④ "V"形套裙是与"A"形服装恰恰相反的服装造型，呈上宽下窄的形状，如同拉丁字母"V"。上衣为松身式，裙子多为紧身式，并且以筒式为主。它的基本造型实际上就是上松下紧，其造型结构简练，穿着起来舒适、利落，往往会令着装者看上去亭亭玉立、端庄大方。

👤内容讲解 18

2.职业套裙的着装要领

① 套裙色彩以冷色调为主，藏蓝、炭黑、烟灰、雪青、黄褐、茶褐、蓝灰、暗黄、紫红等颜色，都是很好的选择。不宜选择过于鲜亮扎眼的色彩，同时，它与流行色也应当保持一定的距离。另外，套裙的上衣和裙子可以是一色，也可以采用上浅下深或上深下浅等两种并不相同的颜色，使之形成鲜明的对比，前者显得庄重正统，后者显得富有活力和动感，商务女士套裙的样式如图2-8所示。

内容讲解 19

图2-8　商务女士套裙

②套裙应图案简洁，尺寸适宜，造型简约。

③在正式的商务场合中，无论什么季节，正式的商务套装都必须是长袖的。

④职业裙装的裙子应该长及膝盖，坐下时裙子会自然向上缩短，如果裙子缩上后离膝盖的长度超过 10 厘米，就表示这条裙子过短或过窄。

⑤套裙穿着六不允许。不允许过大或过小；不允许衣扣"不到位"；不允许不穿衬裙；不允许内衣外现；不允许随意自由搭配；不允许乱配鞋袜。

3.职业套裙的搭配

（1）职业套裙与衬衫的搭配

① 与职业套裙搭配的衬衣颜色最好是白色、米色、粉红色等单色，也可以有一些简单的线条和细格图案。

内容讲解 20

② 衬衣的最佳面料是棉、丝绸。

③ 衬衫的款式要裁剪简洁，不带花边和皱褶。

④ 穿衬衫时，衬衫的下摆必须放在裙腰之内，不能放在裙腰外，或把衬衣的下摆在腰间打结。

⑤ 除最上端一粒纽扣按惯例允许不系外，其他纽扣不能随意解开。

⑥ 在穿着职业套裙时，不能在外人面前脱下西装，直接以衬衫面对对方。身穿紧身且较透的衬衫时，特别要注意这一点。

（2）职业套裙与丝巾的搭配

商务女士的丝巾的打法主要有以下六种：

①基础方巾结。一切丝巾的打法，皆可由此延伸。以玫瑰花小方巾举例，具体打法如图2-9所示。

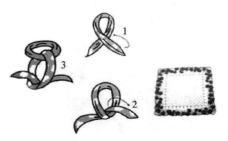

内容讲解21

图2-9 基础方巾结的打法

②三角巾结。只需一个步骤，就能拥有完美的飘逸丝巾。以格纹三角巾为例，具体打法如图2-10所示。

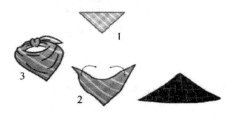

图2-10 三角巾结的打法

③V字结。于前面交叉后，在后面打结，绑法轻松简单却相当时髦。以条纹大方巾为例，具体打法如图2-11所示。

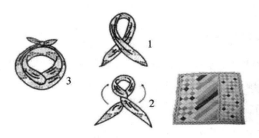

图2-11 V字结的打法

④短项链结。于后面交叉后，在前面打结，绑法轻松简单却相当时髦。以条纹大方巾为例，具体打法如图2-12所示。

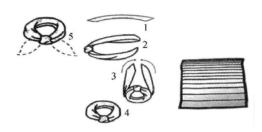

图 2-12　短项链结的打法

⑤围巾结。打好系领巾的基础围巾结之后，再多一个步骤，就是另一种变化。以条纹大方巾为例，具体打法如图 2-13 所示。

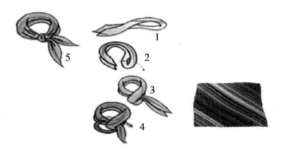

图 2-13　围巾结的打法

⑥牛仔结。青春帅酷的卷法，简洁利落，呈现出上班族俏丽的气息。以花格纹大方巾为例，具体打法如图 2-14 所示。

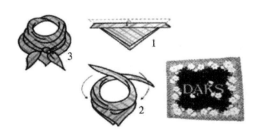

图 2-14　牛仔结的打法

（3）职业套裙与鞋袜的搭配

①与套裙配套的鞋子，应该是高跟、半高跟的船式皮鞋。黑色的高跟或半高跟船鞋是职场女性必备的基本款式，几乎可以搭配任何颜色和款式的套装。

内容讲解 22

②系带式皮鞋、丁字式皮鞋、皮靴、皮凉鞋等等，都不宜在正式场合搭配套裙，露出脚趾和脚后跟的凉鞋和皮拖也不适合商务场合。

③皮鞋的颜色最好与手袋一致，并且要与衣服的颜色相协调。任何有亮片或水

晶装饰的鞋子都不适合于商务场合，这类鞋子只适合正式或半正式的社交场合。

④中统袜、低统袜，绝对不能与套裙搭配穿着。让袜边暴露在裙子外面，是一种公认的既缺乏服饰品位又失礼的表现。

⑤穿长筒袜时，要防止袜口滑下来，也不可以当众整理袜子。

⑥正式场合穿职业套裙时，要选择肉色长筒丝袜。

⑦丝袜容易划破，如果有破洞、跳丝，要立即更换。可以在办公室或手袋里预备好一两双袜子，以备替换。

（4）职业套裙与佩饰的搭配

女士的饰物有戒指、项链、耳环、手镯（手链）、胸针、头饰等。在职业场合，女士佩戴的饰物与服装要协调搭配，款式简单、精致，同时佩带的饰物不要超过三种，否则会造成焦点过多，影响整体效果。

内容讲解 23

①胸针。胸针是西服裙装最主要的饰品，穿西装套裙时，别上一枚精致的胸针，能使视线上移，让身材显得高挑一些。胸针一般别在左胸襟，胸针的大小、款式、质地可根据个人的爱好决定。

②戒指。戒指的佩戴隐含了一定的意义，所以佩戴时不能随心所欲。一般情况下，一只手上只戴一枚戒指，戒指通常戴在左手上。戴在食指上，表示没有交男朋友；戴在中指上，表示正处在恋爱之中；戴在无名指上，表示已经订婚或结婚；戴在小手指上，表示自己是独身主义者。

③项链。佩戴项链时，可以利用项链的长短来调节视线，起到锦上添花的作用。又细又长的项链，可以拉长视线，弥补脖子短粗的缺陷。项链上的挂件，也能够体现佩戴者的气质和个性。椭圆形的挂件体现了佩戴者成熟圆润的个性，菱形和方形的挂件体现了佩戴者独立自信的个性。

④耳环。在职业场合，不要佩戴造型夸张的耳环，应该选择造型简洁的耳饰，既具女性美，又显端庄稳重。戴耳钉时，一只耳朵只能带一只，不能出现一只耳朵戴好几只耳钉的前卫造型。穿礼服时可以佩戴装饰性较强的耳环，但是也要注意和脸型相适应。

⑤手镯及手链。一只手腕不要既戴手表又戴手链或手镯，也不要同时戴两条手链或两只手镯。如果戴手链或手镯妨碍工作（例如办公室文员经常要打字复印），就不要佩戴。

职场着装"六不准"

（1）不准过分杂乱。

（2）不准过分鲜艳。

（3）不准过分暴露。

（4）不准过分透视。

（5）不准过分短小。

（6）不准过分紧身。

Q 知识衍生 3

二、情景模拟演练

（一）实训目的和要求

通过实训，真正理解商务正装的内涵，掌握男士西服和女士西装套裙的穿着规范，并能准确判断什么场合应着正装出席。

（二）场景设计

6月8日上午，A工业园与韩国B公司在德州大酒店隆重举行了项目签约仪式，市、区领导李希、刘兆、王德、曲丽丽（女）同志及B公司主要负责人蔡俊、金佑和朴卓（女）出席了签约仪式。签约仪式现场如图2-15所示。B公司系一家宠物用品生产公司，生产的产品占据世界较大的市场份额。B公司在A工业园的落户必将推动当地经济进一步发展。

图 2-15 A 工业园与 B 公司项目签约仪式

● 同步训练 1

（三）实训步骤

1. 实训前的准备

① 实训场地的准备：带镜子的实训室。

② 道具的准备：男女同学各准备一套西装。

2. 实训的具体步骤

① 课前教师介绍实训场景并提出实训要求。

② 实训角色分配。以小组为单位，具体角色由学生自由商定，每组分别由四名同学扮演中方人员，四名同学扮演韩方人员，其余同学做解说员或主持人。

③ 角色扮演。每位同学根据角色需要进行充分准备，分别扮演以下角色：

中方人员：李希、刘兆、王德、曲丽丽（女）。

韩方人员：蔡俊、金佑、朴卓（女）。

④ 学生以小组为单位进行着装搭配并演练讲解。

⑤ 各小组依次上台进行着装展示和讲解。

⑥ 回答评判组提问。

⑦ 教师点评，重点让学生掌握要领和细节。

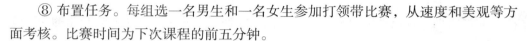

● 同步训练2

⑧ 布置任务。每组选一名男生和一名女生参加打领带比赛，从速度和美观等方面考核。比赛时间为下次课程的前五分钟。

（四）效果评价

商务正装穿着礼仪实训的效果评价见表2-1。

表2-1 商务正装穿着礼仪实训考评

考评人			被考评人		
考评地点			考评时间		
考核项目	考核内容	分　值	小组评分 50%	教师评分 50%	实际得分
商务正装的穿着	1. 正装的选择	15			
	2. 正装穿着规范	30			
	3. 衬衣选择	5			
	4. 领带选择及打法（男）	10			
	5. 袜子与鞋选择	10			
	6. 创意（女）	10			
	7. 整体形象	5			
	8. 现场答辩	10			
	9. 小组主持人的表现	5			
	合计	100			

注：考评满分为100分，60~70分为及格，71~80分为中等，81~90分为良好，91分及以上为优秀。（该表可复印后灵活用于教学）

三、学习效果后测

1. 请说出法式衬衫与一般衬衫的区别及各自适用的场合。
2. 请全面总结西装上衣纽扣的正确扣法。
3. 请总结领带及领带夹的使用规则。

🏷 情商加油站

　　面试着装搭配应根据应聘的行业和职位来进行一定的选择。面试着装会给面试官传递出面试者对应聘岗位和职场规则的理解程度。所以，应聘基层岗位的着装原则就是，要间接强化个人职业价值标签，不能太过随意和过于突出奢侈品牌。

　　1. 应聘基层岗位的职场新人，一般都会选择商务类西装，可以应对 60% 以上的职位应聘。

　　2. 去时尚、创意、文化类公司应聘的可以选择偏英伦风的商务装，给人精致、独特时尚美学品位的感受，这也是这类行业的基本特性，从服饰搭配上看出面试者对时尚、创意风向的捕捉能力。

　　3. 去互联网公司应聘的绝大多数都是程序员类的技术高手，公司对于这类型技术人才的要求更多是技术能力过硬。在面试着装方面只要搭配得体即可，一般是偏休闲类商务装。如果是面试公司高管的话，商务类正装更恰当。

趣味贴士

CHAPTER3
第三章
商务职场仪容礼仪

🧭 引言

当我们大为谦卑的时候，便是我们最近于伟大的时候。——泰戈尔

对上级谦恭是本分；对平辈谦逊是和善；对下级谦逊是高贵；对所有的人谦逊是安全。——亚里士多德

对上要有礼貌，但是不能够讨好。以下不宜太严，也不能够过分宽松。平行同事不必太拘束，也不应该过分熟不拘礼。——曾仕强

凡人皆无法隐瞒私情。尽管他的嘴巴可以保持缄默，但他的手指却会多嘴多舌。

——弗洛伊德

凡人之所以贵于禽兽者，以有礼也。——《晏子春秋》

世上没有丑陋的女人，只有不懂得打扮自己的女人。——法兰克尔

优雅的风度和美丽的容貌，是一封长效的推荐信。——伊莎贝拉

教学说明

⊙ 学习目标

专业能力目标	（1）可识别实际生活中仪容仪表礼仪的范畴
	（2）能够合理运用仪容礼仪
	（3）能够进行初步的仪容修饰
	（4）能够搜集仪容礼仪相关案例并进行简单解说
	（5）能够运用商务礼仪知识，规范自身言行，提高自身修养，提升可持续发展能力
方法能力目标	（1）能自主学习新知识
	（2）能够通过电视、报纸、网络等媒体资源查找仪容礼仪相关知识
	（3）具有良好的审美情趣
社会能力目标	（1）树立传承文化、开拓创新的意识
	（2）提升自身审美能力与个人整体形象
	（3）具有较强的口头表达能力、人际沟通能力

本模块通过仪容礼仪这个实训任务，从静态方面训练提升学生的职业形象和风度气质。

一、知识目标前测

狭义的仪容，通常是指人的外观、外貌，是一个人精神面貌和内在气质的外在体现。而广义的仪容美是一个综合概念，它包括 三个层次的含义：其一是指人的自然美，即人的容貌、形体、体态等协调优美；其二是指人的修饰美，即经过修饰打扮后及后天环境而形成的美；其三是指人的内在美，即一个人内心世界和蓬勃向上的生命活力的外在体现。在商务活动中，端庄、美好、整洁的仪容，能够使对方产生好感，有利于商务活动的顺利开展。

👤 内容讲解 1

（一）化妆

化妆是礼仪的需要，掌握一些基本的化妆术，可以提高商务人员的魅力，为商务人员的生活和工作增添光彩。

1. 化妆的原则

（1）美化：修饰得法、适度矫正、扬长避短、力戒怪异。

（2）自然："化妆上岗、淡妆上岗"是商务人员的基本要求，也只有做到"清水出芙蓉，天然去雕饰"，"妆成有却无"的境界，才是真正的"自然"的体现，才是最高水准的显现。

（3）协调：妆容需要与着装服饰相协调。

（4）化妆禁忌：浓妆艳抹和当众补妆。

🔍 知识衍生 1

> 📌 礼仪小贴士 3-1
>
> **生命的化妆**
>
> 　　林清玄在《生命的化妆》这篇文章里引用了一位专业化妆师的评述："最高明的化妆术，是经过非常考究的化妆，让人家看起来好像没有化过妆一样，并且让化出来的妆与主人的身份匹配，能自然表现那个人的个性与气质。次级的化妆是把人凸显出来，让她醒目，引起众人的注意，拙劣的化妆是一站出来别人就发现她化了很浓的妆，而这层妆是为了掩盖自己的缺点和年龄的。最坏的一种化妆，是化妆以后扭曲了自己的个性，又失去了五官的协调。例如，小眼睛的人竟化了浓眉，大脸蛋的人竟化了白脸，阔嘴的人竟化了红唇……"自然的修饰使人的面目真实而生动，更显精神；反之，刻意而不当的妆容则会使人显得虚假而呆板，从而缺少生命力，不仅不美，反而可能让人厌恶。

2. 化妆的步骤

化妆的步骤可以在下列范例的基础上根据自身情况增减变化。

第一步：清洁。干净整洁是仪容的基本要求。沐浴时使用浴液，浴后使用润肤蜜保养、护理全身肌肤，并注意保护手部。

● 内容讲解 2

第二步：打理头发。在沐浴时，使用洗发露洗头，浴后吹干头发，使用发胶或摩丝定型，做出合适的发型。

第三步：洁面。用洗面奶去除油污、汗水与灰尘，使面部彻底清洁。随后，在脸上涂上化妆水，为面部化妆做好准备。

第四步：涂敷粉底。先用少量的护肤霜，以保护皮肤免受化妆品的刺激。接下来，在面部的不同区域使用深浅不同的粉底，使妆面产生立体感。完成之后，可使用少许定妆粉来固定粉底。

第五步：描眉画眼。眉毛由眉头、眉腰、眉峰和眉梢四部分组成，如图 3-1 所示。首先，修眉、拔眉、画眉；其次，画好眼线；再次，运用睫毛膏、睫毛器对眼睫毛进行"加工"、造型；最后，通过涂眼影来为眼部着色，加强眼睛的立体感。

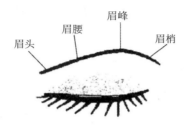

图 3-1　眉毛的构成图

🗨 **礼仪小贴士 3-2**

画眉原则

圆脸：适于画上扬眉，使脸部相应拉长。

长脸：适应水平眉，可以使脸显得短一些。

三角脸：不适合有角度的眉，眉形要大方。

方脸：眉毛不宜过细，立体角度眉可使脸看起来较圆。

倒三角脸：适合柔和的稍粗的水平眉。

第六步：美化鼻部。即画鼻侧影，以弥补鼻形的缺陷。

第七步：打腮红。涂好腮红之后，应再次用定妆粉定妆。

第八步：修饰唇形。先用唇笔描出口型，然后填入色彩适宜的唇，使红唇生色。

🔍 知识衍生 2

第九步：喷涂香水，美化身体的整体"大环境"。

第十步：修正补妆。检查化妆的效果，进行必要的调整、补充、修饰和矫正。至此，一次全套化妆彻底完成。

商务女士化妆礼仪如图 3-2 所示。

图3-2　商务女士化妆礼仪

（二）面部肌肤的护理

1. 洗脸的步骤与方法

内容讲解3

取洗面奶适量，用双手的中指和无名指的指肚在脸上打圈揉搓。清洗的步骤是：T字区→额头→鼻翼及鼻梁两侧→嘴巴四周。最后用清水洗去泡沫。

2. 面部保养需要使用的基础护肤品

基础护肤品一般包括洗面奶、柔肤水（爽肤水）和乳液。正确的步骤是：用洗面奶洗脸→拍打柔肤水（爽肤水）→涂抹乳液，如图3-3所示。

图3-3　护肤品的使用

3. 男士面部的修饰

男士要注意定期修剪鼻毛，切忌让鼻毛露出鼻腔。男士的胡须长得快，需要每天剃须、修面。

（三）头发的清洁与发型选择

1. 洗发的方法

内容讲解4

①头发要经常清洗，一般1~2天要清洗一次头发。对头发的要求遵循"三不"原则，即不能有味、不能打绺、不能有头皮屑。

②参加重要活动之前，一定要清洗头发，使得头发保持蓬松，因为蓬松的头发可以提升面部肤色的亮度，使人看起来神采奕奕。

2. 发型的选择

①男士发型。男士头发要清洁，长度要适宜，前发不附额、侧发不掩耳、后发不及领；不能留长发、大鬓角；不允许留络腮胡子和小胡子。

②女士发型。女士不梳披肩发，头发不可挡盖眼睛，不留怪异的新潮发型；头发过肩的要扎起，以深色的发夹网罩为好；不要将头发染成黑色以外的任何一种颜色。

③合适发型的要求。发型要与脸型、脖子、头型、性别、年龄、个性、身材、职业、场合相符合。

内容讲解 5

（四）双手的清洁

谈判时，握手问候、交换名片和递送文件等都会将手展示于人，因此，及时修剪指甲，保持手的干净整齐也是必要的。

①不能留长指甲，指甲的长度不应超过手指指尖。

②要注意不要在公众场所修剪指甲。

③要保持指甲的清洁，指甲缝中不能留有污垢。

④职业场合女士可以涂透明或淡粉系列的指甲油。

内容讲解 6

（五）口腔的清洁与护理

在职业场合，如果与人交谈时口中散发出难闻的气味，会使对方很不愉快，自己也会很难堪。同时，牙齿是口腔的门面，一口亮白整齐的牙齿也是仪容美的重要部分。

1. 口腔异味的主要源头

①咽喉疾病、消化系统问题。

②抽烟，进食韭菜、葱、蒜等刺激性食物。

2. 消除口腔异味

①患咽喉和消化系统疾病要及时治疗，消除口臭根源。

② 在参加重要活动之前，尽量不要吃刺激性食物。

③ 坚持饭后漱口，即每日三餐后的三分钟内要漱口。

④可以用含茶叶、嚼口香糖的方法来化解异味。但是要注意在正规的交际场所不能当众嚼口香糖。

3. 牙齿的清洁与保养

①要坚持每天早晚两次刷牙。

②要尽量少抽烟，少喝浓茶。

③切忌当着别人的面剔牙，可以用手掌或餐巾纸掩住嘴角，然后再剔牙。

（六）香水的使用方法

香水是无形的装饰品，恰当地使用香水是仪容礼仪的点睛之处，能够体现一个人较高的礼仪素养。香水的使用方法主要体现在以下方面：

👤 内容讲解 8

①将香水涂抹在手腕、颈部、耳后、臂弯里等有脉搏跳动的部位，这样香味随着脉搏跳动、肢体转动而散发。

②也可将香水喷洒于腰部、髋关节，这是为了让余香更持久。

③脚踝处也可喷洒香水，这样可使香味飘散更自然。

④香水还可以喷在衣服上，一般多是喷于内衣、外衣内侧，裙下摆以及衣领后面。

⑤还可以把香水向空中轻轻喷几下，在头顶形成一片香雾，让香氛轻轻洒落在身上，散发出怡人的气息。

⑥在办公室中，最受欢迎的男香香调是木质辛香调，最受欢迎的女香香调是清新的花香、果香调。

🔍 知识衍生 3

💬 礼仪小贴士 3-3

香水的类型

类别	香精浓度	酒精含量	保持时间
浓香水	15%~30%	30%	5~7 小时
香水	10%~15%	20%~30%	5 小时
香露	5%~10%	10%~20%	3 小时
古龙水	2%~5%	10% 以下	1~2 小时
淡香水	2% 以下	无酒精	1 小时

二、情景模拟演练

（一）实训目的和要求

通过实训，能够根据不同场合（如正式商务场合、社交场合和非正式场合）、不同工作内容及具体需求的不同灵活设计符合规范并体现个人审美艺术的整体形象，能够区分正装、一般职业装、礼服和休闲运动装等不同类型服装；能够根据不同的时间、地点和场合搭配不同的服饰；能够适当地运用配饰进行形象塑造；掌握化妆与发型技巧，并根据不同着装搭配适宜的妆容和发型。

（二）场景设计

同步训练

场景 1：黄小明教授（男）和助教王晓红（女）受 A 公司邀请为其进行商务礼仪的培训。

场景 2：招商人员李晓燕去拜访"健桥"医药公司采购部经理黄斌贤先生，感谢他们在招标过程中所给予的支持和配合。

场景 3：公司在五星级酒店组织年终客户联谊冷餐会。

场景 4：公司组织一年一度的高绩效团队特训营，其中一天的活动是户外拓展，要求公司的所有员工都参加。

场景 5：公司的外地客户来访，业务部经理王浩和办公室接待人员李小梅接到任务，陪同客户至知名旅游景点观光。

（三）实训步骤

1. 实训前的准备

①实训场地的准备：带有大镜子的实训室。

②设备及材料的准备：准备各种不同类型的服装、配饰、丝巾、化妆用具和美发用具。

2. 实训的具体步骤

①教师示范化妆方法并讲解不同妆容的适宜场合。

②教师示范丝巾的不同系法。

③教师介绍实训场景并提出实训要求。

④实训角色分配。以小组为单位，成员分别扮演五个场景中的角色，并安排主持人和解说人员。

⑤学生以小组为单位进行形象设计练习。

⑥各小组依次上台进行形象展示和讲解。

⑦回答评判组提问。

⑧教师点评和总结。

⑨布置任务。每组选一名代表参加丝巾系法创意比赛，时间为下次课程的前五分钟。

（四）效果评价

职场形象设计实训的效果评价见表 3-1。

表 3-1 职场形象设计实训考评

考评人		被考评人		
考评地点		考评时间		
考核项目	考核内容	分 值	小组评分 50%	教师评分 50%	实际得分
职场形象设计	1. 服装选择及穿着规范	30			
	2. 发型规范	10			
	3. 妆容规范	15			
	4. 配饰规范	10			
	5. 创意	10			
	6. 整体造型印象	10			
	7. 现场答辩	10			
	8. 主持人及解说员表现	5			
	合计	100			

注：考评满分为 100 分，60~70 分为及格，71~80 分为中等，81~90 分为良好，91 分及以上为优秀。（该表可复印后灵活用于教学）

三、学习效果后测

1. 根据自己的脸型、头型、身材及性格等要素，设计一款适合自己的发型。（学生可用软件制作发型图像，用 PPT 方式在学生之间进行解说和点评）

2. 根据自己的脸型、五官特征和皮肤状态，找到自己化妆时必须掩盖和修饰的部分并找到相应的方法。

即问即答

3. 每位同学提供一张自己的职业形象照，或者符合职业形象要求的视频资料。

情商加油站

现代生活中的社交活动频繁，好的化妆不仅要结合脸型、气质、个性进行设计，亦须根据各种场合有所侧重，以取得最佳效果。

（1）工作妆

工作妆的主要特点是简约、清丽、素雅，具有鲜明的立体感，它既要给人以深刻的印象，又不能显得脂粉气十足。总的来说，工作妆须格外注意明朗和淡雅，自然的淡妆就非常得体。

（2）宴会妆

宴会妆应高雅大方，色彩最重要的是与衣服相配，但妆不宜过度。为了不妨碍享受美食，唇妆需格外费心，千万不要为了避免口红掉色而选择色素过重的唇膏，否则嘴唇会因色素沉淀而变黑。

（3）舞会妆

参加舞会时，不仅可以化妆浓艳，发型也可标新立异，这样，一张充满个性、热烈奔放的脸就呈现出来了。

（4）化妆的注意事项

第一，化妆的浓、淡要视时间、场合而定；第二，不要在公共场合或当众化妆、补妆；第三，力戒妆面出现残缺；第四，不要借用他人的化妆品及化妆工具；第五，避免过量地使用芳香型化妆品。

趣味贴士

CHAPTER4
第四章
面部表情礼仪

引言

感情表达＝言语（7%）＋声音（38%）＋表情（55%）。可见，表情在人与人的交往与沟通中占有相当重要的位置。表情是指人的面部情感，是人们心理活动的外在表现，商务人员在表情方面应具备较强的自我约束力和控制力，在千变万化的表情礼仪中，眼神和微笑最能体现礼仪功能和最具表现力。

教学说明

学习目标

专业能力目标	（1）了解一个人拥有良好的表情语言的重要性 （2）学习灵活运用目光语（时间、位置、区域、角度） （3）培养学生表情语的表现意识
方法能力目标	（1）能自主学习新知识 （2）能够通过电视、报纸、网络等媒体资源查找面部表情礼仪相关知识 （3）具有良好的审美情趣
社会能力目标	（1）提升自身审美能力与个人整体形象 （2）具有较强的口头表达能力、人际沟通能力

一、知识目标前测

（一）眼神礼仪

1. 注视的空间

上至额头，下至衬衫第二粒纽扣，左右至两肩宽，是为目光许可区，其可进一步划分为公务型、社交型和亲密型。

①公务凝视。在磋商、谈判等洽谈业务场合，眼睛应看着对方双眼或双眼与额角区域。这样的凝视显得严肃、认真，公事公办，对方也会感受到诚意，如图4-1所示。

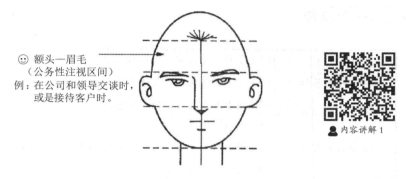

☺ 额头—眉毛
（公务性注视区间）
例：在公司和领导交谈时，或是接待客户时。

👤 内容讲解1

图4-1　公务凝视区域

②社交凝视。在茶话会、友谊聚会等场合，眼光应看着对方双眼到唇中心这个三角区域。这样凝视会使对方感到礼貌舒适，如图4-2所示。

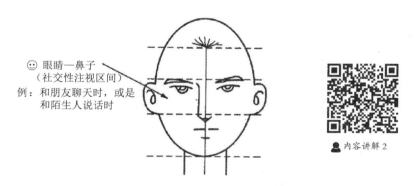

☺ 眼睛—鼻子
（社交性注视区间）
例：和朋友聊天时，或是和陌生人说话时

👤 内容讲解2

图4-2　社交凝视区域

③亲密凝视。在亲人、恋人和家庭成员之间，眼光应注视对方的双眼到胸部第二纽扣之间的区域，如图4-3所示。这样表示亲近、友善。但对陌生人来说，这种凝视有些过分。

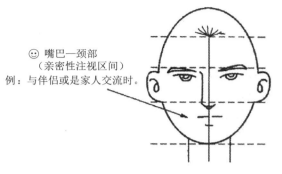

☺ 嘴巴—颈部
（亲密性注视区间）
例：与伴侣或是家人交流时。

👤 内容讲解 3

图 4-3 亲密凝视区域

2. 目光注视的方向

目光注视的方向（角度）往往能准确地表达出对他人的尊重与否。

①正视（平视）。正视表示理性、平等、自信、坦率，适用于普通场合与身份、地位平等的人之间的交往。

②俯视。俯视即目光向下注视他人，一般表示对晚辈的爱护、宽容，也可以对他人表示轻慢、歧视。

③仰视。仰视即抬眼向上注视他人，表示尊重与期待，适用于面对尊长之时。与人交往不要站在高处俯视他人，面对长辈或上级时，站立或就坐在较低之处仰视对方，往往会赢得对方的好感。

👤 内容讲解 4

④斜视。斜视即在保持头不动的情况下眼睛水平移动瞟向一侧。

俯视、仰视、斜视均不合礼仪规范，正视最为适宜。正视、俯视、仰视、斜视的实例如图 4-4 至图 4-7 所示。

图 4-4　正视　　　　　　　　　图 4-5　俯视

图 4-6　仰视　　　　　　　　　　　　图 4-7　斜视

3. 目光注视的时间

①谈话时，若对方为关系一般的同性，应当不时与对方双目对视，以示尊重。对对方表示关注时，如果双方关系密切，则可较多、较长时间地注视对方，注视的时间占全部相处时间的 1/3，以拉近心理距离。

内容讲解 5

②如果对方是异性，双目对视不宜持续超过自在的程度，这也会使自己难堪，但是如果一眼也不看对方，也是不礼貌和失礼的表现。

（二）微笑礼仪

微笑是指用不出声的笑来传递信息的表情语。面露平和欢愉的微笑，说明心情愉快，充实满足，乐观向上，这样的人才会产生吸引别人的魅力。面带微笑，表明对自己的能力有充分的信心，以不卑不亢的态度与人交往，使人产生信任感，容易被别人真正地接受。微笑反映自己心底坦荡，善良友好，待人真心实意，而非虚情假意，使对方

内容讲解 6

在交往中自然放松，不知不觉地缩短了心理距离。工作岗位上保持微笑，说明热爱本职工作，乐于恪尽职守。特别是在服务岗位，微笑更可以创造一种和谐融洽的气氛，让服务对象倍感愉快和温暖。

1. 微笑的主要特征

先要放松自己的面部肌肉，然后使自己的嘴角微微向上翘起，让嘴唇略呈弧形。最后，在不牵动鼻子、不发出笑声、不露出牙龈的前提下，轻轻一笑。微笑时，应当目光柔和发亮，双眼略微睁大；眉头自然舒展，眉毛微微向上扬起。

礼仪小贴士 4-1

商务接待时笑容的禁忌

"笑不露齿"是过去人们对理想的笑的评判标准，著名影星奥黛丽·赫本在电影《罗马假日》中的微笑已成经典，如图4-8所示。那么如何才能拥有迷人的完美微笑呢？美国加州洛玛·林达大学牙医学院的研究者指出，完美的微笑主要有四个要素：藏起你的牙龈；以一定的角度咧开双唇；以一定的比例露出上牙，但不能露出下牙；不要把牙齿漂得太白。中国资深口腔专家肖文斌表示：就东方人而言，露出牙齿的黄金比例为高度0.9~1.1厘米之间，前排门牙的长宽比为1.618 : 1，门牙、侧门牙、犬齿之高度比为1.618 : 1 : 0.618，笑起来的嘴型呈半月形、上排牙龈线与上唇下线一致、上排牙齿齿缘刚好碰到下唇、牙齿大小符合黄金比例，以上几项组合起来就是完美的微笑曲线。

图4-8 奥黛丽·赫本的笑

知识衍生 1

2. 微笑的三结合

①微笑与眼睛的结合。在微笑时，要学会用眼睛去"微笑"，微笑通过眼睛表达出来才会更传神、更亲切，眼睛会说话、也会笑，如果内心充满善良和友爱，那么眼睛的笑容一定也非常感人。

内容讲解 7

眼睛的笑容有两种：一种是"眼形笑"；另一种是"眼神笑"。对着镜子，取一张纸遮住眼睛下面的位置，心里想着最高兴的事情，整个面部就会露出自然的微笑，眼睛周围的肌肉亦会随之处在微笑的状态，这就是"眼形笑"。放松面部肌肉，嘴唇也恢复原样，可是目光中仍然含笑脉脉，这就是"眼神笑"。

②微笑与语言的结合。将微笑和问候语、敬语结合起来使用，对方会感到你的话语是发自内心的。

③微笑与形体的结合。微笑和点头、握手、鞠躬等礼节结合起来使用，会增加肢体语言中的情感色彩。

礼仪小贴士 4-2

商务接待时笑容的禁忌

（1）假笑，即笑得虚假，皮笑肉不笑。

（2）冷笑，是含有怒意、讽刺、不满、无可奈何、不屑一顾、不以为然等意味的笑。这种笑，非常容易使人产生敌意。

（3）怪笑，即笑得怪里怪气，令人心里发麻。它多含有恐吓、嘲讽之意，令人十分反感。

（4）媚笑，即有意讨好别人的笑。它亦非发自内心，而是带有一定的功利性目的。

（5）怯笑，即害羞或怯场的笑。例如，笑的时候，以手掌遮掩口部，不敢与他人交流视线。

（6）窃笑，即偷偷地笑。多表示洋洋自得、幸灾乐祸或看他人的笑话。

二、情景模拟演练

 知识衍生 2

（一）实训目的和要求

通过实训，熟悉并掌握商务礼仪中的各种基本表情规范；能恰当运用眼神及微笑表达情感，提升人际交往能力。

（二）场景设计

场景 1：某商场早上开市，所有导购员站在柜台前向顾客问候"欢迎光临，早上好"。

 同步训练

场景 2：A 公司销售经理与客户在展会上交流。

场景 3：某公司的售后服务部，客服人员接待前来投诉的消费者。

（三）实训步骤

1. 实训前的准备

实训场地的准备：带镜子的实训室。

2. 实训的具体步骤

①教师介绍眼神和微笑的礼仪规范，指导学生练习"微笑三结合"。

②教师介绍实训场景 1 并提出实训要求。

③以组为单位上台展示场景 1。

④教师点评及进行改进练习。

⑤教师介绍实训场景 2 和场景 3，并提出实训要求。

⑥实训角色分配。以小组为单位，两名同学一对，分别练习场景 2 和场景 3。

⑦以小组为单位进行表演。

⑧教师点评，重点让学生掌握要领和细节。

3. 实训提示

注意场景 2 和场景 3 是不同氛围下的沟通。

（四）效果评价

表情礼仪实训的效果评价见表 4-1。

表 4-1　表情礼仪实训考评

考评人			被考评人		
考评地点			考评时间		
考核项目	考核内容	分 值	小组评分 50%	教师评分 50%	实际得分
表情礼仪	1. 眼神规范	30			
	2. 微笑规范	30			
	3. 表情整体规范	30			
	4. 表情所展示的内在心态	10			
	合计	100			

注：考评满分为 100 分，60~70 分为及格，71~80 分为中等，81~90 分为良好，91 分及以上为优秀。（该表可复印后灵活用于教学）

三、学习效果后测

即问即答

1. 搜集和整理一份某企业采用微笑服务的案例（若时间允许可在课堂上分享）。

2. 训练自己最美的微笑方式，并提供一张自己的电子版微笑形象照。

 情商加油站

1995 年 10 月，美国《纽约时报》专栏作家戈尔曼出版了《情感智商》一书，把情感智商这一学术成果以非常通俗的方式介绍给大众。戈尔曼认为情感智商包括五个方面的能力：

1. 认识自身情绪的能力；

2. 妥善管理情绪的能力；

3. 自我激励的能力；

4.认识他人情绪的能力；

5.人际关系的管理能力。

为便于记忆，可将情商概括为五个关键词：知己、知彼、自控、自励、沟通。

趣味贴士

CHAPTER5

第五章

举止行为礼仪

🧭 引言

掌握正确的站姿、坐姿、蹲姿、走姿和手势，使递物接物、用手致意都美观大方，将规范的姿态运用于职场中。心理学家做过一个试验：分别让一位戴金丝眼镜、手持文件夹的青年学者，一位打扮入时的漂亮女郎，一位挎着菜篮子、脸色疲惫的中年妇女，一位留着怪异头发、穿着邋遢的男青年在公路边搭车，结果显示，漂亮女郎、青年学者的搭车成功率很高，中年妇女稍微困难一些，那个打扮怪异的男青年就很难搭到车。

🎓 教学引入

这个故事说明：不同的仪表仪态代表了不同的人，随之就会有不同的际遇。这不仅仅是以貌取人的问题。研究发现，50%以上的第一印象是由你的个人外表决定的。你的仪容、仪态、举止以及服饰，是让身边的人决定怎样对待你的重要条件。心理学家研究发现，人们的第一印象的形成是非常短暂的，有人认为是见面的前40秒，有人甚至认为是前两秒，在一眨眼的工夫，人们就已经对你盖棺定论了，甚至有时就是这短短几秒钟时间就决定了一个人的命运。

🎓 教学说明

本章通过对举止行为的学习，帮助学生掌握商务职场肢体语言体系的礼仪要求和细节，从而使学生在自己的职业生涯中塑造和管理好自身形象，因为"形象"已经成为21世纪人类的第一语言，无声的肢体语言是你的"外表大名片"，它能够为你未来职业的有效发展助力。

👤 内容讲解1

◎ 学习目标

专业能力目标	（1）学习站姿四种（标准、优雅、艺术、休闲）
	（2）坐姿四种（标准、盘花、修长、低靠位）
	（3）走姿（步位）
	（4）蹲站，培养学生体态语的表现意识
方法能力目标	（1）纠正自身存在的不良体姿习惯
	（2）纠正不良体态习惯，养成良好体态体姿，塑造优美形象
	（3）具有良好的审美情趣
社会能力目标	（1）提升自身审美能力与个人整体形象

一、知识目标前测

（一）站姿训练

1. 肃立

头正、颈直、双目平视、面容平和自然，两肩放松、稍向下沉，躯干挺直；收腹、立腰、挺胸、提臀；双臂自然下垂于身体两侧，手指并拢自然弯曲，中指贴拢裤缝；双膝并拢，两腿直立，脚跟靠紧，脚掌分开呈"V"字形，角度成45°~60°。肃立适用于隆重集会，如升旗、庆典、剪彩等仪式。

2. 直立

（1）男士直立的姿态

①两脚平行分开，两脚之间距离不超过肩宽，以20厘米为宜，两手叠放在背后，双目平视，面带微笑。其余与肃立相同。

②两脚展开的角度成45°~60°，成"V"字步。两手可自然垂放于大腿两侧裤缝处，自然并拢，大拇指交叉，一手放在另一只手上，轻贴在腹前；也可左手背后，右手下垂，身体直立，重心置于两脚，双目平视，面带微笑，此种站姿适用于给客人指示方向，或解决疑难问题，或提供其他服务。

商务男士站姿如图5-1至图5-3所示。

图5-1　商务男士站姿1　　　　图5-2　商务男士站姿2　　　　图5-3　商务男士站姿3

（2）女士直立的姿态

两脚并拢或两脚尖略展开，右脚在前，将右脚跟靠于左脚内侧，成丁字步；两手自然并拢，大拇指交叉，一手放在另一手上，轻贴在腹前，两手也可自然垂放于大腿两侧处；身体直立，挺胸收腹，身体重心可放在双脚上，也可落于一只脚上，通过重心移动来减轻疲劳。此种站姿适用于商业服务，表示对客人的尊重与欢迎。

商务女士站姿如图 5-4、图 5-5 所示。

图 5-4　商务女士站姿 1　　　　图 5-5　商务女士站姿 2

3. 站姿禁忌

①站立时，切忌手插在衣袋里，忌无精打采或东倒西歪。

②忌弯腰驼背、低头、两肩一高一低。

③忌把其他物品作为支撑点、依物站立，更不要倚靠在墙上。

④双手忌做无意的小动作，更不要叉在腰间或抱在胸前。

⑤腿不要不停地抖动或晃动。

内容讲解 4

（二）坐姿训练

1. 坐姿的基本要求

①入座时要轻稳。走到座位前转身后，右脚向后退半步，然后轻稳坐下再把右脚与左脚并齐。

②入座后上体自然挺直，双膝并拢，双腿弯曲，双肩平正放松，两臂弯曲，双手自然放在双腿上。

内容讲解 5

③头正双目平视，面容平和自然。

④坐在椅子上，应至少坐满椅子的 2/3，一般情况下，不要靠背，休息时可轻轻靠背。

⑤离座时要自然稳当，右脚向后收半步，然后起立，起立后右脚与左脚并齐。

2. 坐姿

（1）女士坐姿

内容讲解 6

①正坐式：双腿并拢，上身挺直、坐下，两脚尖并拢略向前伸，两手叠放在双腿上，略靠近大腿根部。入座时，若是着裙装，应用手将裙摆稍稍拢一下，然后坐下。具体坐姿如图 5-6 所示。

②重叠式：上身挺直，坐正，腿向前方，左小腿垂直于地面，全脚支撑，右腿重叠于左腿上，小腿向里收，脚尖向下。双臂交叉支撑于左右腿上。特别要注意将上面的小腿回收，脚尖向下。具体坐姿如图 5-7 所示。

图 5-6　商务女士坐姿 1　　　　图 5-7　商务女士坐姿 2

③斜放式：坐在较低的沙发上时，若双腿垂直放置的话，膝盖可能高过腰，极不雅观。这时最好采用双腿斜放式，即双腿并拢后，双脚同时向右侧或左侧斜放，并且与地面成 45° 左右角。具体坐姿如图 5-8 所示。

④交叉式：双腿并拢，双脚在踝部交叉之后略向左侧斜放。坐在办公桌后面、主席台上或汽车上时，比较合适采用这种坐姿，给人感觉比较自然、舒适。具体坐姿如图 5-9 所示。

图 5-8　商务女士坐姿 3　　　　图 5-9　商务女士坐姿 4

（2）男士坐姿

①正坐式：上身挺直、坐正、双腿自然弯曲，小腿垂直于地面并略分开，双手分放在两膝上或椅子的扶手上。具体坐姿如图 5-10 所示。

内容讲解7

②扶手式：如果坐在有扶手的沙发上，入座后上体自然挺直，男士可将双手分别搭在扶手上。具体坐姿如图 5-11 所示。

图 5-10 商务男士坐姿 1

图 5-11 商务男士坐姿 2

3. 坐姿禁忌

女性不雅坐姿容易造成"走光"失礼，男性松懈的坐姿常常给人猥琐之感。故商务人士应避免以下坐姿：

①入座后，忌弯腰驼背，东倒西歪，前俯后仰。

②入座后，忌双腿不停地抖动，甚至鞋跟离开脚跟在晃动。

③忌坐姿不符合环境要求。例如求职面试与领导、长辈的谈话，不宜采用重叠式坐姿。

④坐下后忌脚尖相对，或双腿拉开成八字形，也不能将脚伸得很远。

内容讲解8

知识衍生1

💬 礼仪小贴士 5-1

我国古人的坐姿礼仪

我国的古人对坐姿比较讲究。席地而坐时期，人们的坐姿大致有三种。一是"跌坐"，即双足交叠，盘腿而坐，如同佛教中修禅者的坐姿，故又称"跏趺坐"；一是"箕踞"，即两腿前伸而坐，全身形似簸箕，故名；一是"跽"，即跪坐，臀部压在后曲的腿、脚之上。在无席的地上也是采用这几种坐姿。平时不与人接触交往时，坐姿可以比较随便，如果与尊长坐在一起，或与友人交谈，以及在聚会议事、宴会、招待宾客等场合，就要讲究坐姿了，礼貌的姿势是"跽"坐，而且讲究"正襟危坐"，危坐，是指坐时腰身端正。

（三）行姿训练

1. 基本要领

行姿的基本要领为：双目平视，收颌，表情自然平和。两肩平稳，双臂前后自然摆动，上身挺直，收腹立腰，重心稍前倾。行姿是一种动态美，轻盈、稳健的行姿，反映出积极向上的精神状态，具体行姿如图5-12、图5-13所示。

👤 内容讲解9

2. 注意事项

行姿的注意事项有：行进的速度应当保持均匀、平稳。步幅不宜过大，也不宜过小，男士应在50厘米左右，女士应在30厘米左右；男士在行走时，两只脚踩出的是两条平行线；女士在行走时，两脚的脚后跟尽可能踩在同一条线上；多人一起行走不要排成横队，要尽量靠右行走，以便有急事的人从左边超过。

图5-12　商务女士行姿1　　　　　　图5-13　商务女士行姿2

3. 行姿禁忌

👤 内容讲解10

①走路时忌摇头晃脑、弯腰驼背、歪肩晃膀、左顾右盼。

②走路时忌内八字和外八字步伐，不可脚蹭地面、发出声响。

③走路时忌步幅过大、大甩手、扭腰摆臀。

④行走时，切忌把双手插在衣裤口袋里，更不要把手背在体后。

⑤多人一起行走时，不要排成横队，勾肩搭背，边走边说。

⑥穿礼服、裙子或旗袍时步度要轻盈优美，不可跨大步。

（四）蹲姿训练

1. 蹲姿的基本要求

①下蹲时，应使头、胸、膝关节在一个角度上，使蹲姿优美。
②下蹲时，应自然、得体、大方，两腿合力支撑身体，避免滑倒。
③女士无论采用哪种蹲姿，都要将腿靠紧，臀部向下。

2. 常用的蹲姿

①高低式。下蹲时，双脚不在一条直线上，且一只脚在前，一只脚在后，在前的脚全着地，小腿基本上垂直于地面，在后的脚脚掌着地，脚跟提起。后膝应低于前膝，头和腰应保持一条直线，臀部向下。女士两腿应靠近。具体蹲姿如图 5-14 所示。

②交叉式。下蹲时右脚在前，左脚在后，右小腿垂直于地面，全脚着地。左膝由后面伸向右侧，左脚跟抬起，脚掌着地。两腿靠紧，合力支撑身体。臀部向下，上身稍前倾。具体蹲姿如图 5-15 所示。

图 5-14 商务女士蹲姿 1   图 5-15 商务女士蹲姿 2

（五）鞠躬训练

鞠躬礼的基本要领：保持站立姿势，面带微笑，正视受礼者，头颈背成一面，以髋为轴心，慢慢向前倾一定度数，停留 1~2 秒后即起，复原鞠躬前状态。规范的鞠躬礼主要有：15°鞠躬礼、30°鞠躬礼和 45°鞠躬礼。各种鞠躬礼的使用视不同场合和对象而定，同时，鞠躬的幅度也视行礼者对受礼者的尊重程度而定。具体的鞠躬礼如图 5-16 至图 5-18 所示。

内容讲解 12

图 5-16　鞠躬礼 1　　　　　图 5-17　鞠躬礼 2　　　　　图 5-18　鞠躬礼 3

💬 礼仪小贴士 5-2

作揖礼

作揖是中国人特有的社交礼节，自春秋时期就已流传。作揖其实是个总称，其具体的姿势在戏剧、武术等不同领域又有细微差别。一般人拜年的作揖，又称拱手礼，自明朝以后被广泛应用于各类社交场合。以男子为例，行礼方式是起身站立，上身挺立，两臂前伸，右手握拳，左手成掌，对右拳或包或盖，松紧适度，双手在胸前高举抱拳，自上而下或者自内而外，有节奏地晃动两三下。之所以要采取左手包右拳的姿势，是因为中国人的文化传统讲究以左为尊。反之则为凶拜，用于吊丧。作揖礼一般施于平辈之间。古代女子也行作揖礼，即"左手在内，右手在外，是谓尚右手。女拜如是，女之吉拜如是，丧拜反是"。在《礼记·内则》里则有"凡男拜，尚左手"和"凡女拜，尚右手"的记载，如图 5-19 所示。

🔍 知识衍生 2

图 5-19　作揖礼

（六）手势训练

指示方向时手掌应自然伸直，掌心向上面对宾客，手指自然并拢（女士五指并拢，男士拇指自然稍稍分开），手腕和小臂形成一直线。

与人交谈时，手势不宜过多，动作不宜过大，速度快慢及时间的长短要根据场景来控制。

👤 内容讲解 13

手臂前伸时，上身鞠躬 5°~10°。

社交中常用的几种手势如下：

①曲臂式。这种手势常用于当一只手扶房门或电梯门，或拿东西，同时又要做出"请"或指示方向时。五指伸直并拢，从身体的一侧前方由下向上抬起，以肘关节为轴，手臂由体侧向体前摆动，摆到距身体 20 厘米处停住，掌心向上，手尖指向一方，头部随客人由右转向左方。具体手势如图 5-20 所示。

图 5-20　商务手势 1

②直臂式。这种手势用来指示或引领较远方向。五指并拢伸直，手臂穿过腰间线，屈肘由身前向前方指起，抬到约与肩同高时，再向要指示的方向伸出前臂。身体微向指示方向倾。身体侧向宾客，眼睛要看着手指引的方向，同时加上礼貌用语，如"小姐，请一直往前走"，"先生，里边请"等。具体手势如图 5-21 所示。

图 5-21　商务手势 2

③双臂式。这种手势用来向众多来宾表示"请"或指示方向。两手五指分别伸直并拢，掌心向上，从腹前抬起至上腹部处，双手一前一后同时向身体一侧摆动，摆至身体的侧前方；肘关节略弯曲，上身稍向前倾，面带微笑，向客人致意。

二、情景模拟演练

（一）实训目的和要求

通过实训，了解并掌握站、坐、行等仪态的基本规范，举手投足力求协调、体现美感、符合身份和情境。学会运用各种基本的姿势规范表达情感，加强沟通，提高姿势的综合运用能力。

（二）场景设计

A公司营销经理徐文武先生和店长张芸女士前往B公司拜访招商部经理王小平女士。两人按照约定时间到达B公司，前台文员李晓红将其引领到招商部经理王小平办公室进行合作项目洽谈。李晓红在会议室饮水机下面抽屉取水杯给客人倒茶后离开。

同步训练

（三）实训步骤

1. 实训前的准备

①实训场地的准备：带镜子的实训室，会议桌、椅子及办公桌。
②设备及材料的准备：摄像机，电脑与多媒体投影。

2. 实训的具体步骤

①教师分别示范站、坐、行、蹲、鞠躬和手势的规范做法。
②学生在教师的指导下练习（学生在练习时需录像）。
③回放录像进行点评。
④教师介绍实训场景并提出实训要求。
⑤实训角色分配。以小组为单位，具体角色由学生自由商定，四名同学分别扮演徐文武、张芸、王小平和李晓红。自由练习五分钟。
⑥小组依次上台展示。
⑦教师进行点评，重点让学生掌握要领和细节。

3. 实训提示

注意实训各环节仪态的运用：
环节一：到访。注意坐姿、站姿、鞠躬、表情。
环节二：会面。注意表情、手势、坐姿。
环节三：奉茶。注意蹲姿、表情、行姿。

（四）效果评价

形体礼仪实训的效果评价见表 5-1。

表 5-1 形体礼仪实训考评

考评人		被考评人		
考评地点		考评时间		
考核项目	考核内容	分　值	小组评分 50%	教师评分 50%	实际得分
形体礼仪训练	1. 站姿	5			
	2. 坐姿	5			
	3. 行姿	5			
	4. 蹲姿	5			
	5. 鞠躬	5			
	6. 手势	5			
	7. 角色徐文武	15			
	8. 角色张芸	15			
	9. 角色王小平	10			
	10. 角色李晓红	20			
	11. 整体表现	10			
	合计	100			

注：考评满分为 100 分，60~70 分为及格，71~80 分为中等，81~90 分为良好，91 分及以上为优秀。（该表可复印后灵活用于教学）

三、学习效果后测

思考并演示出下列情景中的行姿：

1. 行走中，遇见一个重要的客户，需要与其打招呼时。

2. 在公司的总经理办公室内，在与其告别时。

3. 在行进中引导客户上楼参观公司的新产品时。

即问即答

CHAPTER6

第六章

商务交往礼仪

引言

讲话气势汹汹，未必就是言之有理。——萨迪

教养体现于细节，细节展示素质，素质决定成败。——金正昆

君子行礼，不求变俗。祭祀之礼，居丧之服，哭泣之位，皆如其国之故，谨修其法而审行之。——《礼记》

刻薄语，秽污词，市井气，切戒之。——《弟子规》

礼貌比法律更强有力。——卡莱尔

教学说明 1

学习目标

专业能力目标	（1）可识别实际生活中的哪些礼仪属于商务交往礼仪的范畴
	（2）能够熟练使用电子邮件、电话等非会面礼仪
	（3）能够恰当运用称呼、介绍、握手、名片、馈赠等会面礼仪
	（4）能够搜集商务交往礼仪相关案例并进行简单解说
	（5）能够运用商务礼仪知识，规范自身言行，提高自身修养，提升可持续发展能力
方法能力目标	（1）能自主学习新知识
	（2）能够通过电视、报纸、网络等媒体资源查找礼仪相关知识
	（3）具有良好的审美情趣
社会能力目标	（1）树立传承文化、开拓创新的意识
	（2）具有团队精神和协作精神
	（3）具有较强的口头表达能力、人际沟通能力

商务交往礼仪，是通过商务人员间的交往和联系表现出来的礼仪规范。本模块共设计了非会面礼仪和会面礼仪两项实训任务，主要涵盖电子邮件、电话、短信、传真、称呼、介绍、握手、名片、馈赠等实训环节。

模块一：非会面礼仪

一、知识目标前测

（一）收发电子邮件的礼仪

内容讲解1

电子邮件是通过互联网与特定对象进行文字信息交换的一种联络工具，它具有传统纸质介绍函的写作特点，又有信息时代闪电式的传递速度；发件人可以选择任何时间发送，收件人可在方便时阅读；传送速度快，无须纸、笔、邮票，提高了工作效率，节省了通信费用。因此，电子邮件成为近年来不可或缺的商务活动手段。

1. 电子邮件的书写

①主题要明确。每封电子邮件一定要设定一个主题。主题能够使收件人一目了然地了解邮件涉及的事项和讨论的内容，快速判断邮件内容的轻重缓急，决定处理顺序。如使用"关于展览会的准备事宜"这一主题就比"准备事宜"这四个字明确具体许多。

②语言要流畅。电子邮件亦属信函，需要注意语言流畅，准确表达，称呼与问候恰当，落款完整。当下流行的网络语言和符号表情不宜在商务及其他正式场合沟通使用的电子邮件中出现。

③内容要简洁。电子邮件应尽量控制在数行之内，简洁切题。如果是有较长的文件，可以将其整理成格式规范的文档形式，然后作为"附件"发给对方。

④附件要用好。附件不仅可以发送文档，还可以发送照片、音频、视频等。在使用附件时，应在邮件正文中对附件进行简要说明，以便收件人的阅读和整理。附件数目不宜超过四个，数目较多时应打包压缩成一个文件。如果附件是特殊格式文件，应在正文中说明打开方式，以免影响使用。

2. 电子邮件的发送

①邮件发送后要确认发送是否成功，发送后要检查"已发送"邮件箱，或几分钟后检查个人邮箱中有无系统退信邮件。有时由于网络或邮件服务系统等原因，以为已经发出的邮件实际上并没有发送成功。

②重要邮件发送后，一定要打电话或发短信确认一下收件人是否收到并阅读了电子邮件，以免耽误重要事情。

3. 电子邮件的回复

①收到邮件要回复。收到他人电子邮件后，回复对方是对他人的尊重，按照紧急、重要程度，邮件的回复时间在两小时至二十四小时内合适。

②如果事情复杂，无法及时确切回复，至少应该及时通知对方邮件已经收到，正在商讨处理等，不能让对方盲目等待；如果正在出差或休假，应该设定自动回复功能，提示发件人，以免影响工作。

③只回复"是的""对""谢谢""已知道"等字眼，是非常不礼貌的。另外，在及时、准确回复的前提下，可以根据回复内容的需要更改标题，避免多次出现"RE"字样。

（二）拨打电话的礼仪

1. 拨打电话前的重要思考

在拨打电话前应对可能出现的情况进行全面的思考，打好腹稿或提纲，比如：接通电话后，如果你要找的人不在该怎么办？如果对方正好是要找的人，该怎样问候？怎样开头？如何阐述自己的观点或请求？当要求被拒绝时怎么办？

👤 内容讲解 3

2. 通话的时机和时间

（1）何时通话为佳——通话时机

①双方预先约定的时间或者对方方便的时间。

②除必须立即需要通知的事项外，不要在休息时间拨打电话。例如：早上不宜太早（7∶00前），晚上不宜太晚（22∶00后）。

③给海外人士拨打电话，要了解时差，不要不分昼夜，给他人带来不便。

④打公务电话，尽量要公事公办，不要在他人的私人时间，尤其是节假日时间麻烦他人。

（2）通话多久为妙——时间长度

在通话时应坚持"电话三分钟原则"。在打电话时，应当自觉、有意识地将每次通话的时间长度限定在三分钟之内，尽量不要超过这一限度，这实际上是"以短为佳、宁短勿长"的基本要求的具体体现。

3. 通话的内容要规范

①要问候对方。

②要自报家门。

③要说明所为何事。

④打完电话后，应有道别语。

4. 通话时的态度表现

①语气要友善平和。
②语速要适当放缓。
③声音不宜过高。
④拨错电话及时道歉。
⑤电话突然掉线时，一般的礼貌是拨打者主动拨打过去。

（三）接听电话的礼仪

1. 接听要及时

遵循"铃响不过三声"原则。具体的理解是：电话铃声响起后，应尽快予以接听；不要铃响一声就拿起话筒；不要电话铃响许久后才接听电话；最好铃响两次后再接听电话；超过六声应首先表示歉意。

🔲 内容讲解 4

2. 应对要得体

①语言应对。在通话之初以"您好"起语，再言其他；在问候对方后，要自报家门；终止通话，准备放下话筒时，必须先说一声"再见"。
②内容应对。对通话内容应做到简明扼要、适可而止。
③举止应对。在接电话时不要将话筒夹在脖子之下，也不要趴着、仰着、坐在桌子角上，更不要把双腿高架于桌子上等。

3. 代接要礼貌

如果对方请你代转电话，应弄明白对方是谁，要找什么人，以便与对方要找的人联系。此时，请告知对方"稍等片刻"，并迅速找人。如果不放下话筒喊距离较远的人，可用手轻捂话筒或按保留按钮，然后再呼喊接话人。如果你因别的原因决定将电话转到别的部门，应客气地告知对方将电话转到处理此事的部门或适当的职员，如"真对不起，这件事是由财务部处理，如果您愿意，我帮您转过去好吗？"

4. 做好记录

如果对方要找的人不在，应为其做好电话记录，记录完毕，最好向对方复述一遍，以免遗漏或记错。可利用电话记录卡片做好电话记录。电话记录卡片如图 6-1 所示。

给 _____

日期 _____ 时间 _____

你不在办公室时 _____ 公司的 _____（先
生、女士、小姐）_____

电话 _____

○ 电话 ○ 请打电话回去

○ 要求来访 ○ 还会打电话来

○ 是否紧急 ○ 回你的电话

留言
_____
_____

接话人 _____

图6-1 电话记录卡片

（四）手机礼仪

手机是现代商业活动中最便捷的移动通信工具，它弥补了固定电话机受空间限制的缺陷，可以随时随地进行电话联络，加快了商业往来的速度，使商业谈判、协商和交流信息成为动态流动和实时的过程。但是，如果在使用手机时不讲究必要的商务礼仪，不但会影响自己的个人形象，而且还可能殃及公司的对外形象。因此，移动通信工具的使用礼仪，是商务办公礼仪很重要的组成部分。

1. 手机使用场合的礼仪

手机使用礼仪包括遵守公共秩序和注意安全两个方面。

内容讲解5

①遵守公共秩序。使用手机等移动通信工具时，绝对不允许扰乱公共秩序，从而给公众带来"听觉污染"。在下列场合中应该限制或慎重使用手机：要求保持安静的公共场所；上班期间；开会、会见等聚会场合。

②注意安全。手机等移动通信工具的使用，很可能会分散人们对其他事情的注意力。另外，手机本身还会产生电磁辐射。因此，在使用手机的过程中，必须牢记安全准则。一般来说，在以下场合严格禁止使用手机：驾驶汽车途中；易燃易爆场所；飞机飞行期间。

2. 手机携带礼仪

在商务活动中携带手机时，应当将其放在恰当的位置，既要方便使用，又要合乎礼仪。一般将手机放置在随身携带的公文包内，会议时将其暂交秘书、会务人员代管，和别人交谈时可暂放在手边、身旁、背后等不起眼处，不使用时不要握在手里，更不要别挂在腰带之上。

3. 手机使用过程中的礼仪

手机等移动通信工具是现代文明的产物，人们在日常生活中越来越普遍地使用手机，在使用手机的过程中应该注意一些基本的礼仪。

①确认通话对象或电话号码。手机是方便人们进行交流的工具，在使用手机时

要先确定通话对象或电话号码，以免拨错电话。

②长话短说，精简通话内容。

③上班时间将手机调整为震动或静音。由于手机属于私人通信工具，在上班时间内应尽可能少用手机。如果确实有使用手机的必要，则应该将其设置为震动模式，避免手机铃声干扰其他人。

④公共场所要压低通话音量。在公共场合尽量做到不使用手机。如果遇到非打不可的电话，应该寻找一个较为偏僻的地点，压低通话音量，千万不要大呼小叫，干扰周围的人，否则会引起他人的反感。

⑤接待访客时勿使用移动电话。在接待访客的过程中尽量不要使用手机，要以客为尊，如果有随身携带手机的习惯，在接待访客时应将手机放在桌面上或抽屉里。

⑥移动电话留言要留下时间、日期。使用手机进行留言时要注意留下详细的时间或日期。如果没有留言时间，对方很难分清楚留言中所提及事务的轻重缓急，这样有可能使得某些重要的事情得不到及时处理，造成不必要的损失。

⑦信号较弱时应寻求其他方式联系。在一些手机信号比较弱的地区，有时候通话质量不高，通话的声音不得不提高。在这种情况下，应该向对方说明信号不好，征得对方同意后挂断电话，等到信号较强的时候再通话或者选择其他的方式进行联系。

4. 使用手机的注意事项

①在参加一些需高度保密的重要会议时，不要携带手机进场，如果携带手机进场，要关闭手机电源。

内容讲解 6

②使用平板式手机还要注意键盘的锁闭问题，一般平板式手机都有键盘锁闭的功能，不用时要将键盘锁闭，避免误操作造成呼叫通话，既打扰对方，又造成话费的损失。

③国际漫游费比较贵，因此在拨打对方手机而对方身在外国时，要长话短说，或换个时间再联系，以免让对方支付昂贵的漫游费。

知识衍生 1

> 🔖 **礼仪小贴士 6-1**
>
> **交谈"五不问"和"六忌讳"**
>
> 不问收入，不问年龄，不问婚否，不问健康，不问个人经历。忌讳非议党和政府，忌讳涉及国家机密，忌讳非议交往对象的内部事情，忌讳非议领导和同事，忌讳谈论低俗之事，忌讳涉及个人隐私。

（五）收发传真的礼仪

①接收或发送传真时，如果需先人工呼叫，在接通电话时首先应口齿清晰地说

"您好"，然后报出自己单位的名称以及详细的部门名称等。通话时，交流语气要热诚、口音要清晰、语速平缓为佳。电话语言要简洁、得体、准确，音调适中，态度自然。

内容讲解7

②发送传真时应先仔细查阅相关资料，传真内容应当包括发件人的信息以及所传真文档的日期和页数，并且应写清接收人的全名。

二、情景模拟演练

（一）实训目的和要求

通过实训，明确收发电子邮件、接打电话、收发手机短信和传真的礼仪规范，并能恰当地使用这些礼仪，给对方留下良好的印象，有效提高商务交往的效果。

同步训练1

（二）场景设计

A公司以床品生产为主业，自2012年开始通过专卖形式力推以"婚庆"为主题的床上用品。2013年12月3日，营销经理徐文武先生通过网络得知主营家居、建材和室内装饰品的B公司正在招商，徐经理遂按照B公司网站上留下的电子邮件地址给B公司招商部发了一封电子邮件，表达了公司拟租用500平方米场地的意向，并询问了租金等相关事宜。B公司招商部经理王小平女士及时给予了回复，并根据徐经理所留的电话号码与徐经理取得了联系。12月5日，徐经理短信征询了王经理关于双方可否面谈的意见，得到肯定的答复后，徐经理将本次洽谈人员的名单（副总经理李程、营销经理徐文武、店长张芸）、具体时间等以传真方式发给了王经理。

（三）实训步骤

1.实训前的准备

①实训场地的准备：可选择模拟办公室。

②设备及材料的准备：传真机（兼座机）、手机、电脑、打印纸等。

2.实训的具体步骤

①课前教师介绍实训场景并提出实训要求。

②实训角色分配。以小组为单位，具体角色由学生自由商定，两名同学分别扮演徐经理和王经理，确定一名同学为该小组主持人。

③主持人开场，情景剧表演。

分场景一：收发邮件。

分场景二：接打电话。

分场景三：收发短信。

分场景四：收发传真。

④各组依次进行。

⑤回答评判组问题（各组派一名代表组成评判组）。

⑥教师点评，重点让学生掌握要领和细节。

3. 实训提示

①邮件主题明确，格式规范，内容简洁。

②传真内容简洁明了，注明接收人全名、传真内容共几页等事项，传真后应确认。

③通话时机恰当，时长合适，电话内容、问候语、结束语运用准确。

④手机短信内容、称呼、落款符合规范。

⑤撰写好邮件、传真和短信，并打印出来。

⑥以小组为单位制作并完善情景剧文案。

（四）效果评价

非会面礼仪实训的效果评价见表6-1。

表6-1　非会面礼仪实训考评

考评人		被考评人		
考评地点		考评时间		
考核项目	考核内容	分　值	小组评分 50%	教师评分 50%	实际得分
非会面礼仪	1. 邮件内容	15			
	2. 邮件收发与回复	5			
	3. 传真内容	5			
	4. 传真件的收发	10			
	5. 电话的拨打、通话语言的使用	15			
	6. 手机短信的收发	10			
	7. 情景剧文案	15			
	8. 团队精神面貌、分工协作	5			
	9. 现场答辩	10			
	10. 小组主持人的表现	5			
	11. 道具准备	5			
	合计	100			

注：考评满分为100分，60~70分为及格，71~80分为中等，81~90分为良好，91分及以上为优秀。（该表可复印后灵活用于教学）

三、学习效果后测

1.你接到一位客户的电话，他抱怨买的某品牌手机品质不好，给他增加了很多麻烦。他非常恼火，情绪激动，言语有些过激，应如何处理？

课后练习

2.一位客户打电话来，抱怨你的一位同事，说他态度不好，答应提供服务却未能兑现。你既要保护同事和公司的信誉，又要使客户得到安慰和帮助，请妥善处理。

3.5月7日，A公司经理李廉洁先生在乌鲁木齐出差，办公室秘书张仪小姐正在处理一些日常事务，上午8时接到总部办公室副主任程龙海先生打来的电话。电话内容大致如下：5月10日上午9时在总部行政楼第二会议室召开A公司经理会议，共商公司第二年发展大计。这涉及接、拨电话的全部礼仪规范，请模拟通话过程。

情商加油站

怀着善意的人，是不难于表达他对人的礼貌的。

——卢梭

礼貌和教养对于装饰人类或其他一切优良品质和天资，都是必不可少的。

——切斯特菲尔德

模块二：会面礼仪

一、知识目标前测

教学说明 2

（一）称呼礼仪

商务活动中正确地称呼别人是最基本的交往礼仪，它是进一步交往的敲门砖。在交往中，双方见面时如何称呼对方，直接关系到双方之间的亲疏、了解程度，尊重与否及个人修养等。一个得体的称呼，会令对方如沐春风，好感顿生；反之，不恰当或错误的称呼，可能会

内容讲解 8

令对方心里不悦，影响到彼此的关系乃至交际的成功。选择称呼要合乎常规，要照顾被称呼者的个人习惯，入乡随俗。称呼的基本要求是称谓要准确、妥当，表现出尊敬、亲切和文雅，能够使双方心灵沟通、感情融洽，缩短彼此间的距离。在工作岗位上，人们彼此之间的称呼有其特殊性，要庄重、正式、规范。

1. 称呼的种类和用法

在我国，不同的年代和地区，称呼会有很大差异。例如，在过去几十年，不论对何种职业、年龄、地位的人都可称同志，但现在这一称呼已经局限于某些职业和人群中；再如，在服务行业，港、澳、台地区的朋友一般用小姐、先生的称呼，而北方的朋友喜欢用亲属（大哥、小妹）称呼等。归纳起来，称呼大致可分为以下几种。

（1）职务称呼

以交往对象的职务相称，以示身份有别、敬意有加，即以某人在社会（包括国家机关、社会企事业单位及社会团体、企业公司等）中的职务、职称、地位相称，如主席、总理、部长、局长、校长、主任、经理、董事、会长、秘书长、理事等，这是一种最常见的称呼。职务称呼有三种情况：①直接称职务，如局长；②在职务前加上姓氏，如王总（经理）；③在职务前加上姓名（适用于极其正式的场合），如张林处长等。要注意的是：商务活动是务实的，不必为取悦对方对副职以正职相称。任意取掉"副"字，有时会被误解。

（2）职称称呼

对于具有职称者，尤其是具有高级、中级职称者，在工作中直接以其职称相称。职称称呼也有三种情况：①只称职称，如教授；②在职称前加上姓氏，如张工程师（或简称张工）、刘医师等；③在职称前加上姓名（适用于十分正式的场合），如李伟总经理、易中天教授等。

（3）行业称呼

在工作中，有时可按行业进行称呼。对于从事某些特定行业的人，可直接称呼对方的职业，如老师、医生、会计、律师等；也可以在职业前加上姓氏、姓名，如王老师、叶淑芳老师、赵大夫、刘会计等。

（4）性别称呼

对于在商界工作或从事服务性行业的人，一般约定俗成地按性别的不同分别称呼"小姐""女士"或"先生"，"小姐"是称未婚女性，"女士"是称已婚女性，如冯先生、沈小姐等。不过，现在"小姐"的称呼使用得太多了，有一些歧义，因此在称呼时要慎用或不用。

（5）姓名称呼

在中国最常用的是姓名称呼。姓名，即一个人的姓氏和名字。姓名称呼有三种情况：可以直呼其姓名；只呼其姓，在姓前加上"老""大""小"等前缀；只称其名，不呼其姓。

①全姓名称呼。全姓名称呼即直呼其姓和名，如李建军、刘德华等。全姓名称呼有一种庄严感、严肃感，一般用于学校、部队或其他郑重场合。一般地说，在人们的日常交往中，指名道姓地称呼对方是不礼貌的，甚至是粗鲁的。②名称称呼。名称称呼，即省去姓氏，只呼其名字，如大伟、建华等，这样称呼显得既礼貌又亲切，运用场合比较广泛。通常同性之间，尤其是上司称呼下级、长辈称呼晚辈时常用这种称呼，在亲友、同学、邻里之间，也可使用这种称呼。③姓名加修饰称呼。姓名加修饰称呼，即在姓之前加一修饰字，如老李、小刘、大陈等，这种称呼亲切、真挚，一般用于在一起工作、劳动和生活中比较熟悉的人之间。

（6）"您"、"你"称呼

除了姓名称呼，还有用"您"和"你"称呼。"您"和"你"有不同的界限，"您"用来称呼长辈、上级和不熟识的人，以示尊重；而"你"用来称呼自家人、熟人、朋友、平辈、晚辈和儿童，表示亲切、友好和随意。

知识衍生 2

🔖 **礼仪小贴士 6-2**

敬称和谦称

敬称也叫敬辞，是表示称呼人对被称呼人的尊敬之情而附加的称谓词语，主要表示对被称呼人尊敬的感情和态度。（1）长辈尊称：吾师、道长、学长、先生、女士等。（2）平辈（或小一辈）尊称：兄、弟、仁兄、尊兄、大兄、贤兄（弟）、学兄（弟）、道兄、道友、学友、吾兄等。（3）称呼他人的亲属：一般可在称呼前加令字，如令尊、令堂、令郎、令爱等。对其长辈，也可加尊字，如尊叔、尊祖父等。令爱（媛）：敬辞，称对方的女儿。令郎：敬辞，称对方的儿子。令亲：敬辞，称对方的亲戚。令堂：敬辞，称对方的母亲。令尊：敬辞，称对方的父亲。台端：敬辞，旧时称对方（多用于机关、团体等给个人的函件）。台甫：敬辞，旧时用于问人的表字。台驾：敬辞，旧称对方。阁下：敬辞，称对方，多用于外交场合。

谦称也叫谦辞。对外人称呼自己的亲属要用谦称。称自己的长辈和年龄大于自己的亲属，可加"家"字，如家父、家母、家兄等；称辈分低的或年龄小于自己的亲属，可加"舍"字，如舍弟、舍妹、舍侄等；至于称自己的子女，可称小儿、小女。常见的谦称有：小弟：男性在朋友或熟人之间谦称自己。小儿：谦称自己的儿子。小女：谦称自己的女儿。家父：谦称自己的父亲。家母：谦称自己的母亲。家兄：谦称自己的哥哥。舍弟：谦称自己的弟弟。舍妹：谦称自己的妹妹。

2. 称呼的注意事项

我们在使用称呼时，一般要避免下面几种情况。

（1）错误的称呼

常见的错误称呼无非就是误读或误会。误读也就是念错姓名。为了避免这种情况的发生，对于不认识的字，事先要有所准备；如果是临时遇到，就要谦虚请教。误会，主要是对被称呼人的年纪、辈分、婚否以及与其他人的关系做出了错误判断。比如，将未婚妇女称为夫人，就属于误会。

（2）称呼外号

对于关系一般的，不要自作主张给对方起外号，更不能用道听途说来的外号称呼对方。至于一些具有侮辱性质的绰号，则更应当避免。也不能随便拿别人的姓名开玩笑。要尊重一个人，必须首先学会去尊重他的姓名。每一个人都极为看重自己的姓名，而不容他人对此进行任何形式的轻贱。

（3）庸俗的称呼

有些称呼在正式场合不适合使用。例如，"兄弟""哥们儿"等一类称呼，虽然听起来亲切，但显得档次不高。"死党""铁哥们儿"等一类的称呼，显得庸俗低级。逢人便称"老板"，也显得不伦不类。

（4）过时的称呼

有些称呼，具有一定的时效性，一旦时过境迁，若再采用，难免贻笑大方。比如，法国大革命时期人民彼此之间互称"公民"。在我国古代，对官员称为"老爷""大人"。若将它们全盘照搬进现代生活里来，就会显得滑稽可笑、不伦不类。

（5）不当的行业称呼

一般来说，学生之间互称"同学"，军人之间互称"战友"，工人之间可以互称"师傅"，这无可厚非。但以此去称呼"界外"人士，不仅不能表示亲近，如果对方不领情，还会产生被贬低的感觉。

3. 称呼的技巧

（1）初次见面更要注意称呼

初次与人见面或谈业务时，要以"姓 + 职务"的方式来称呼对方，要一字一字地说得特别清楚，比如，"王总经理，您说得真对！"如果对方是个副总经理，可不用"副"字；但若对方是总经理，不要为了方便把"总"字去掉，而将其称为"经理"。

（2）称呼对方时不要一带而过。

在交谈过程中，使用称呼与对方交谈时，要加重称呼语气，称呼完了停顿一会儿，然后再谈要说的事，这样才能引起对方的注意，使其认真地听下去。如果你称呼得很轻又很快，有种一带而过的感觉，对方听着会不太顺耳，有时也听不清楚，就引不起听话的兴趣。相比之下，如果太不注意对方的姓名，而过分强调要谈的事情，那就会适得其反，对方不会对你的事情感兴趣。所以一定要完整地称呼对方，认真清楚地讲出来，以显示对对方的尊重。

（3）关系越熟越要注意称呼

与对方十分熟悉之后，千万不要因此而忽略了对对方的称呼，一定要坚持称呼对方的"姓 + 职务（职称）"，尤其是在有其他人在场的情况下。人人都需要被人尊重，越是朋友，越是要彼此尊重，如果熟了就随随便便用"老王""老李"甚至用一声"唉""喂"来称呼对方，就极不礼貌，是令对方难以接受的。

（二）介绍礼仪

介绍，是商务人员在商务交往中与他人进行沟通、增进了解、建立联系的一种最基本、最常规的方式。商务人员如能正确地利用介绍，不仅可以扩大自己的交际面，而且有助于对自己及企业的展示和宣传。

👤 内容讲解 9

1. 自我介绍

自我介绍是指在没有他人介绍的情况下，自己主动向对方说明自己的姓名、职务等相关信息，以使对方认识自己。

（1）自我介绍的五个要点

①时机把握。最好的时机是在你想了解对方情况、你想要别人了解你的情况的时候。

②顺序安排。自我介绍应是位低者先行。

③辅助选择。在进行自我介绍时可以借助辅助工具——名片来介绍自己，也可以利用与辅助人员——业内熟人的关系来介绍自己。

👤 内容讲解 10

④时间长度。自我介绍的时间不应过长，以 30 秒左右为宜。

⑤自我介绍的特别提醒。不要忘记给对方一个自我介绍的机会。例如："您好！

我是中国移动龙岩分公司的。"得到对方回应后，继续介绍："我叫陈荣坤。这是我的名片。"然后应继续说："请问您怎么称呼？"

（2）自我介绍的四种模式

①寒暄式。又叫应酬式，是一种面对泛泛之交的有距离的交际，其内容主要交流姓名信息。

②公务式。是工作之中在正式场合做的自我介绍。这时的介绍应包括四个要素：单位、部门、职务、姓名。

③社交式。在私人交往中，想跟别人交朋友想了解对方情况的自我介绍，内容包括姓名、职业、籍贯、偏好、自己跟交往对象双方所共同认识的人。

④礼仪式。适用于讲座、报告、演出、庆典、仪式等一些正规而隆重的场合。介绍的内容包括：姓名、单位、职务等，同时还应加入一些适当的谦辞、敬辞。

知识衍生 3

礼仪小贴士 6-3

著名的哑剧大师、喜剧表演艺术家王景愚的自我介绍

"我就是王景愚，表演《吃鸡》的那个王景愚。人称我是多愁善感的喜剧家，实在是愧不敢当，只不过是个'走火入魔的哑剧迷'罢了。你看我这么多公斤的瘦小身躯，却经常负荷许多忧虑与烦恼，而这些忧虑与烦恼，又多半是自找；我不善于向自己所敬爱的人表达敬和爱，却又经常否定自己。否定自己既痛苦又快乐，我在生活中痛苦与快乐的交织网里，总也冲不出去；在事业上人家说我是敢于拼搏的强者，而在复杂的人际关系面前，我又是一个心无灵犀、半点不通的弱者，因此在生活中，我是交替扮演强者和弱者的角色。"

2. 第三方介绍

第三方介绍是指通过第三方为彼此不认识的双方引荐的一种商务交际方式。通常要对双方分别介绍，这种介绍为陌生人之间架起了认识和了解的桥梁。

内容讲解 11

（1）介绍的顺序

为他人做介绍时必须遵守"尊者优先知情"规则。换而言之，先介绍地位低的一方，后介绍地位高的一方。具体而言：

①应把职务低者介绍给职务高者。例如："徐董事长，这是公司财务部的袁科长。"

②应把年轻者介绍给年长者。例如："老张，让我来介绍一下，这位是我们公司新来的司机小庄，庄稼。"

③如果双方年龄、职务相当，则应把男士介绍给女士。例如："舒小姐，我来给

你介绍一下，这位是无锡光明副食品公司的赵先生。"

④应把家人介绍给同事、朋友；把未婚者介绍给已婚者。例如："Mary，我想请你认识一下我弟弟张华。"

⑤应把聚会上后到者介绍给先到者。例如："戴总，这位是刚从公司赶来的周经理。"

（2）谁当介绍人

公私有别，家里来了客人，女主人是介绍人；商务场合应选择专业人士来介绍，如公关、文秘、办公室主任、外办、接待办的领导和同志。

第三方介绍的礼仪如图 6-2 所示。

图 6-2 第三方介绍礼仪

3. 集体介绍

①两个集体。当两个集体互相介绍时应把地位低的一方先介绍地位高的一方。如果是主宾双方，则所谓地位低的一方指东道主，地位高的一方指客方。

②集体和个人。当一方是个人、另一方是集体时，应把个人介绍给集体，应选择单项式介绍，即只介绍一边。

内容讲解 12

4. 业务介绍

在进行业务介绍时应把握以下要点：

①把握时机。应当在消费者或者目标对象有兴趣的时候再做介绍。

②讲究方式。在向目标对象介绍业务时应体现出人无我有、人有我优、人优我新、诚实无欺的优势。

③不诋毁他人。在业务介绍时注意不能诋毁同行。

（三）握手礼仪

握手是在欢迎或离别，恭贺或致谢，高兴或问候，理解或慰问时相互表示情谊、致意的一种礼节，双方往往是先打招呼，后握手致意。

内容讲解 13

1. 握手的顺序

握手顺序的一般原则是"尊者决定"的原则，即由身份尊贵的一方决定双方是否有握手的必要，也就是把双方是否握手的主动权交给尊者。

握手顺序的具体表现为：主人、长辈、上司、女士主动伸出手，客人、晚辈、下属、男士再相迎握手。

握手时特殊情况的规定：

①一个人需要与多人握手时，应讲究先后次序——由尊而卑、由近而远并按顺时针方向前进。

②在公务场合，握手时伸手的次序取决于职位、身份；在社交、休闲场合，则主要取决于年纪、性别、婚否。

内容讲解 14

③在接待来访者时，应由主人首先伸出手来与客人相握，表示欢迎；在客人告辞时，应由客人首先伸出手来与主人相握，表示感谢。

2. 握手的方法

①握手的神态。握手时神态需专注，双目注视对方，面含微笑。

②握手的距离。握手时距离需适宜，距握手对象约一步为宜。

③握手的姿势。握手时姿势要自然，行礼者应双腿立正，上身略向前倾，伸出右手，手掌和地面垂直，手尖稍稍向下，五指中后四指并拢，拇指适当地张开。

④握手的力度。握手力度适中，过紧地握手，或是只用手指部分漫不经心地接触对方的手都是不礼貌的。

⑤握手的时间。握手的时间一般以 1 到 3 秒为宜，3 到 5 秒亦可。

握手礼仪示例如图 6-3 所示。

图 6-3　握手礼仪

3. 不规范握手的形式

不规范握手的形式有：乞讨型握手、控制型握手、无力型握手、力量型握手、抓指尖型握手、施舍型握手、伸张型握手、自在型握手。

4. 握手的禁忌

握手时忌心不在焉、左手相握、戴着手套握手、交叉握手。

知识衍生 4

> **礼仪小贴士 6-4** ············
>
> ### 海伦·凯勒的握手"说"
>
> 美国著名盲人女作家海伦·凯勒说过："我接触过的手，虽然无言，却极有表现性，有的人握手能拒人千里。我握着他们冷冰冰的指尖，就像和凛冽的北风握手一样。而有些人的手却充满阳光，他们握着你的手，能使你感到温暖。"

（四）名片礼仪

名片在商务活动中具有重要的作用，名片在我国古已有之。清代赵翼在《陔余丛考》中说："古人通名，本用削木疏字，汉时谓之谒，汉末谓之刺，汉以后虽用纸张，但仍相沿曰刺。"古人习称"名刺""名纸"，现在则通称"名片"。名片的基本用途在于其是现代商务人士的"介绍信"和"联谊卡"。在商务交往中，名片的使用要做到合乎礼仪规范，注意场合，慎重选用，不失礼仪，充分发挥出名片的作用。

内容讲解 15

1. 名片的类型

名片根据用途、内容及使用场合的不同，可做不同的划分。其中，最主要的是公务式名片。名片范例如图 6-4 所示。具体而言，公务式名片包括"三个三"，即三大项，每项下包括三小点：

①本人归属（单位全称、单位标志、所在部门）。

②本人称谓（本人姓名、行政职务、学术头衔）。

③联系方式（单位地址、单位邮编、办公电话，此为联系方式三要素）。

图 6-4　名片范例

2. 名片的制作

名片制作的具体内容见表 6-2。

表 6-2　名片制作的具体内容

序号	项目	内容
1	规格	首选规格：9 厘米 ×5.5 厘米，10 厘米 ×6 厘米（多为境外人士使用），8 厘米 ×4.5 厘米（为女士专用）。
2	材质	通常应以耐折、耐磨、美观、大方、便宜的纸张作为首选材料，如白卡纸、再生纸等。
3	色彩	宜选用单一色彩的纸张，并且以米白、米黄、浅蓝、浅灰等庄重朴素的色彩为佳。
4	图案	一般而言，名片上除了文字符号外不宜添加任何没有实际效用的图案。如果本单位有象征性的标志图案，则可将其印于归属一项的前面，但不可过大或过于突兀。
5	文字	在正常情况下应采用标准的汉字简化字，如无特殊原因，不得使用繁体字。在少数民族聚居区、外资企业以及境外使用的名片，可酌情使用少数民族文字或外文。
6	字体	以汉字印制名片时，一般采用楷体或仿宋体，尽量不要采用行书、草书、篆书等不易辨认的字体；以外文（主要采用英文）印制名片时，一般采用黑体字，在涉外交往中使用的名片亦可采用罗马体，但很少用草体。
7	版式	横式：行序自上而下，字序由左而右；竖式：行序由右而左，字序上而下。

3. 名片的交换

（1）递送名片

①把握递送名片的时机。当有以下需求时，应递送名片：希望认识对方；表示自己重视对方；被介绍给对方；打算获得对方的名片；对方提议交换名片；对方向自己索要名片；初次登门拜访对方；通知对方自己的信息变更情况。

内容讲解 16

碰上以下几种情况，则不必将自己的名片递给对方或与对方交换名片：对方是陌生人；不想认识对方；不愿与对方深交；对方对自己并无兴趣；经常与对方见面；双方的地位、身份、年龄相差悬殊。

②递送名片的顺序。递送名片时应讲究顺序：一是尊者优先（了解对方身份

时）；二是近者优先，按顺时针方向发放（不了解对方身份时）。

③递送名片要领：递送名片时应面含微笑，正视对方；拇指食指捏住名片上端的两角；将名片的字面朝向对方，便于阅读；起身递送，送至对方胸前；在递送的过程中可伴有敬语，如"请多多关照"之类的客套话，而且递送名片要讲究顺序；在递送名片时应谦恭大方，礼貌敬人。递接名片的具体动作和阅读名片的礼仪如图6-5、图6-6所示。

图6-5 递接名片礼仪

图6-6 阅读名片礼仪

（2）收受名片

收受名片要领：收受名片时应面含微笑，起身迎接；拇指食指捏住名片下端的两角；接受名片后表示谢意，并要认真阅读；如有疑问，要当即问明；有来有往，若无名片递送应致歉；将收受的名片妥当存放，以示尊重。

（3）名片的索取

一般而言，尽量不要轻易索取名片。因为名片的交换有讲究，地位低的人首先把名片递给地位高的人，主动索取名片会出现地位落差问题。而如果要索取名片，也不宜采取直白的表达方式。比较恰当的索取名片的方法有以下四种：

①交易法。其主要做法就是把自己的名片首先递给对方。其实，这是最省事的索取别人名片的方法。古人有言：将欲取之，必先予之！此法一般可表述为："张教授，您好！非常高兴认识您，这是我的名片，请多指教。"

②明示法。其主要做法就是明确表示索要或交换名片之意。在一些场合，此种直截了当的表达方法，往往也行之有效。此法一般可表述为："王总，非常高兴能认识您，不知能否有幸与您交换一下名片？"

③谦恭法。其主要做法就是向地位比较高的人索取名片时要先做必要的铺垫。此法一般可表述为："王总，能认识您非常高兴，虽然我做保险已经有四五年了，但是与您这位专业人士相比真是相形见绌，希望以后能够有机会继续向您请教，不知以后如何向您请教比较方便？"

④联络法。此法实际上是一种进退有方的得体方法，一般可表述为："王先生您好，认识您太高兴了，不知今后如何与您保持联系？"

4. 名片的收存与管理

①按姓名的拼音分类。
②按姓名的笔画分类。
③按部门、专业分类。
④按国别、地区分类。
⑤如果条件允许，还可以将名片信息输入电脑、手机等电子设备中，建立电子版本的通讯录，使其发挥更大的作用。

5. 使用名片过程中的注意事项

①应保持名片完好无损。
②应携带数量充足的名片。
③应将名片放置到位。
④应对名片进行分类。
⑤切忌左手递接名片。
⑥切忌随意散发名片。
⑦切忌逢人便要名片。
⑧切忌随意玩弄名片。

知识衍生 5

礼仪小贴士 6-5

名片的特殊用途

在社交场合，尤其是国际社交场合，人们往往以名片代替一封简洁的信函使用。此即名片的特殊用途。具体做法是：在社交名片的左下角写上一行字或一句短语，然后装入信封寄交给他人。如果是本人亲自递交或托人带给他人，要用铅笔书写；如果采用邮寄方式，则应用钢笔书写。书写时多采用法文缩略语，较常见的法文缩略语及其对应含义如下：

n.b.：意为"注意"。

p.c.：意为"谨唁"，凭吊、追悼时使用。

p.f.：意为"祝贺"，庆祝节日时使用。

p.m.：意为"备忘"，提请对方注意某事时使用。

p.r.：意为"谨谢"，接受礼物、款待、祝词之后，或者收到别人庆祝、吊唁之类名片后使用。

p.p.：意为"介绍"，向对方介绍某人时使用。

p.p.c.：意为"辞行"，调离、离任时，向同事告别时使用。

p.p.n.：意为"慰问"，问候病人时使用。

p.f.n.a.：意为"新年愉快"。

（五）馈赠礼仪

在馈赠过程中，首先要明确送礼的目的，这就要求送礼者务必在思想上正本清源。送礼在本质上应被视为向他人表示友好、尊重与亲切之意的途径或方式。只有本着这一目的，才能正确地选择礼品，才能准确表达自己的情意，才能使所赠礼品发挥正常功效。

内容讲解 17

1. 馈赠六要素

5W1H，即 who（送给谁）、why（为什么送）、what（送什么）、where（在哪送）、when（何时送）、how（怎样送）。

2. 礼品的挑选

（1）宜选的礼品
选择的礼品应符合宣传性、纪念性、独特性、时尚性、便携性。

（2）忌选的礼品
选择礼品时，不能忽视对方的私人禁忌、民俗禁忌、宗教禁忌、职业道德禁忌。
具体而言，在对外接待工作中，要明确以下"七不送"：
第一，不送现金、信用卡和有价证券；
第二，不送价格过高的奢侈品；
第三，不送不合时尚、不利健康之物；
第四，不送易使异性产生误解之物；
第五，不送触犯受赠对象个人禁忌之物；
第六，不送涉及国家机密之物；
第七，不送其他有违国家法律、法规之物。

3. 赠礼礼仪

（1）赠送的时间
①时机的选择。一般而论，赠送礼品的最佳时机应是道喜之时、道贺之时、道谢之时、鼓励之时、慰问之时、纪念之时等等。
②具体的时间。一般说来，应在相见或道别时赠礼。当我们作为客人拜访他人时，应见面有礼；当我们作为主人接待来访者时，应在客人离去的前夜或者举行告别宴会上，把礼品赠送给对方。
在涉外商务活动中，赠礼的时间应根据国际商务礼仪规范而定。

（2）赠送的地点
公务交往中的礼品应在公务场合赠送，如办公室、写字楼、会客厅等。
私人交往中的礼品应在私人场合赠送，比如，私人住所。

（3）赠送的方式

一般应由在场地位最高者出面赠送，礼品应加以包装，赠送时加以解释。

4. 受礼礼仪

（1）受赠

若接受馈赠应态度大方，拆启包装，欣赏礼品，表示谢意。但是在有些国家当面拆封是不礼貌的，应根据具体情况酌情处理。

（2）拒绝

若不能接受馈赠的礼品应态度友善，说明原因，婉言拒绝并表达谢意。

> 💬 **礼仪小贴士 6-6**
>
> **赠送花朵数量的含义**
>
> （1）1 朵表示对你情有独钟。
>
> （2）2 朵表示眼中世界只有我俩。
>
> （3）3 朵表示我爱你。
>
> （4）4 朵表示山盟海誓。
>
> （5）5 朵表示无怨无悔。
>
> （6）6 朵表示愿你一切顺利。
>
> （7）7 朵表示无尽的祝福。
>
> （8）8 朵表示深深歉意，请你原谅。
>
> （9）9 朵表示永久的拥有。
>
> （10）10 朵表示全心投入。

二、情景模拟演练

🔍 知识衍生 6

（一）实训目的和要求

通过实训，熟悉称呼、介绍、握手、递接名片和商务馈赠的礼仪规范，并能恰当地使用这些礼仪，加深与巩固对方对商务人员及其单位的良好印象，使商务活动更顺利、更有效地进行。

👤 同步训练 2

（二）场景设计

（续模块一的场景设计）B 公司王经理收到传真后，即刻向副总经理何冬先生汇报了情况。何副总对对方传真中提出的 12 月 8 日 14：00 来公司现场洽谈场地租赁一事予以了确认。王经理当天下午即电话回复了 A 公司徐经理，对徐经理一行的来访表示欢迎。

12月8日13：50，A公司李程副总经理一行三人来到B公司办公楼下。B公司王经理代表公司在办公楼前迎接，双方见面寒暄后，王经理引导三位客人乘电梯前往8楼的公司接待室，何副总、招商部副经理李锋先生、工作人员潘朵朵小姐正在等候。

落座后，王经理热情地介绍了出席本次洽谈会的所有人员，主宾双方交换了名片，洽谈会正式揭开了序幕……

（三）实训步骤

1. 实训前的准备

①实训场地的准备：可选择模拟接待室。

②设备及材料的准备：手机、名片、笔记本、公文包、茶具、礼品（根据需要）等。

2. 实训的具体步骤

①课前教师介绍实训场景并提出实训要求。

②实训角色分配。以小组为单位，具体角色由学生自由商定，六名同学分别扮演参与主宾双方洽谈人员，确定一名同学为该小组主持人，一名服务人员。

③主持人开场，开始情景剧表演。

分场景一：王经理在公司门口迎接徐经理一行三人。

分场景二：王经理引导来宾乘电梯至接待室。

分场景三：主宾问候、入座、交换名片、洽谈等。

④各组依次进行。

⑤回答评判组提问。

⑥回放现场录像，教师点评，重点让学生掌握会面礼仪的要领和重要细节。

3. 实训提示

（1）拜访前的预约礼仪，即事前与被访者的电话联系，其主要内容有五点：

①自报家门（姓名、单位、职务等）。

②询问被访者是否在单位，是否有时间或何时有时间。

③提出访问的内容，以便对方有所准备。

④在对方同意的情况下确定具体的拜访时间。

⑤对对方表示感谢。

（2）拜访中的一般礼仪，主要包括以下方面：

①按照约定的时间、地点准时到达。

②敲门，要符合礼仪要求。

③主人让座，要符合礼仪要求。

④交谈，要符合交谈礼仪。

⑤赠送礼品，要符合赠礼和收礼礼仪。

⑥告别，语言和动作要符合礼仪。

（3）注意使用规范的称呼语

（4）注意介绍的顺序

（5）注意握手的顺序、力度、表情

（6）注意名片的递接与存放

（7）注意站、坐、行姿及手势的运用

（8）注意仪容与服饰的搭配

（9）注意记住对方姓名

（10）以小组为单位制作并完善情景剧文案

（11）小组之间相互评论

（四）效果评价

会面礼仪实训的效果评价见表6-3。

表6-3　会面礼仪实训考评

考评人			被考评人		
考评地点			考评时间		
考核项目	考核内容	分　值	小组评分 50%	教师评分 50%	实际得分
会面礼仪	1. 门口迎接	5			
	2. 问候与称呼	10			
	3. 介绍与握手	15			
	4. 引导与乘电梯	5			
	5. 递接名片	15			
	6. 服饰与举止	10			
	7. 情景剧文案	15			
	8. 团队精神面貌、分工协作	5			
	9. 现场答辩	10			
	10. 小组主持人的表现	5			
	11. 道具准备	5			
	合计	100			

注：考评满分为100分，60~70分为及格，71~80分为中等，81~90分为良好，91分及以上为优秀。（该表可复印后灵活用于教学）

三、学习效果后测

1. 假如你刚刚毕业到一家外资企业工作，在公司为你专门举行的欢迎会上，请你向全体同事介绍自己。

2. 请模拟某公司的经理带着公司随行人员参加另一家公司 30 周年店庆活动时的商务交往礼仪。

即问即答

3. A 公司的副总经理张福、业务部经理李建前往 B 公司拜访副总经理王亦菲女士。B 公司办公室主任赵岩先生安排了双方的见面会并做介绍人。

4. 汪经理和王经理都是李经理的客户，但他们互不认识，李经理为两位做了介绍，汪经理（女）伸出手来准备与王经理（男）握手。请评价是否合适。

5. 根据下列具体情形，判断见面的双方应该由谁首先伸手以促成握手，并说明原因。

①甲单位的张小姐和乙单位的董先生。

②公司的总经理和营销主管。

③退休的老李和其接任者小王。

④宴会的主办者和赴宴的嘉宾。

⑤有五年资历的公关经理和刚来的公司副总经理。

6. 王先生是某集团公司的经理，主要代理国内知名品牌的服饰。一天，他接待了来访的某服装厂主管销售的李先生。李先生被秘书引领到了王总经理的办公室，经秘书介绍后，双方交换名片。

7. 当你遇到不认识名片上的姓或名的情况时，如"眭鸿亮""崔佾"，你应如何处理？

8. 如何拒绝他人索要名片的要求？

9. 两位商界的老总，经中间人介绍，相聚谈一笔合作的生意。这是一笔双赢的生意，看到合作的美好前景，双方的积极性都很高。A 老总首先拿出友好的姿态，恭恭敬敬地递上自己的名片。B 老总单手把名片接过来，一眼没看就放到了茶几上。接着他拿起茶杯喝了几口水，一不小心又把茶杯压到了名片上，A 老总看在眼里，记在心里，随口谈了几句话，起身告辞。事后，A 老总郑重地告诉中间人，这笔生意他不做了。当中间人将这个消息告诉 B 老总时，他简直不敢相信自己的耳朵，一拍桌子说："不可能！哪有见钱不赚的人？"随即拨通了 A 老总的电话，一定要他讲出个所以然来，A 老总道出了实情："从你接我名片的动作中，我看到了我们之间的差距，并且预见到了未来的合作还会有许多的不愉快，因此，还是早放弃的好。"闻听此言，B 老总放下电话痛惜失掉了生意，更为自己的失礼感到羞愧。

请思考：①B 老总违反了哪些商务礼仪规范？

②B 老总应该怎么做？

情商加油站

别人为什么愿意与你相处？

你有德，对人真诚，别人与你相处感到温暖；

你有才，别人跟你相处能打开眼界；

你有量，你能倾听别人的想法并发表有价值的见解；

你有容，能充分认可别人的价值；

你有趣，能带给别人愉快的心情；

你有心，懂得用情用心交朋友。

CHAPTER7

第七章

商务会议礼仪

⚲ 引言

礼貌是最容易做到的事，也是最珍贵的东西。 —— 冈察尔

礼貌使有礼貌的人喜悦，也使那些受人以礼貌相待的人们喜悦。—— 孟德斯鸠

礼貌是儿童与青年所应该特别小心地养成习惯的第一件大事。——约翰·洛克

文明是后天造就的好脾性，它弥补了天性之不足，最后演变成一种近似真美德的习惯。——杰斐逊

礼貌建筑在双重基础上：既要表现出对别人的尊重，也不要把自己的意见强加于人。——霍夫曼斯塔尔

礼貌是人类共处的金钥匙。 ——松苏内吉

礼仪是聪明人想出来的与愚人保持距离的一种策略。——爱默生

礼仪是微妙的东西，它既是人们交际所不可或缺的，又是不可过于计较的。——培根

⚐ 学习目标

专业能力目标	（1）可识别实际生活中的哪些礼仪属于商务会议礼仪的范畴
	（2）能够承担商务会议组织工作
	（3）能够恰当安排商务会议座次，并根据客人实际情况进行恰当调整
	（4）能够简单策划并较好地主持小型商务会议
	（5）能够简单策划并较好地承担洽谈会或茶话会的礼仪工作
	（6）能够搜集商务会议礼仪相关案例并进行简单解说
	（7）能够运用商务礼仪知识，规范自身言行，提高自身修养，提升可持续发展能力
方法能力目标	（1）能自主学习新知识
	（2）能够通过电视、报纸、网络等媒体资源查找礼仪相关知识
	（3）具有良好的审美情趣
社会能力目标	（1）树立传承文化、开拓创新的意识
	（2）具有团队精神和协作精神
	（3）具有较强的口头表达能力、人际沟通能力

　　商务会议是指根据一定商务目的，由主办（或主持）单位召集组织，由不同层次、不同数量的人员参加的一种事务性活动。本模块中共设计了一般会议礼仪策划训练、商务洽谈会礼仪训练、商务茶话会礼仪训练三个实训。洽谈会是正式商务会议的代表，而茶话会是社交会议的代表，这两个模块均从组织方和参加方两个角度组织设计实训内容，三个实训形成了商务会议礼仪的有机整体。

模块一：会议礼仪策划

一、知识目标前测

　　商务会议有正式商务会议和非正式商务会议两类。前者如洽谈会、发布会、赞助会、展览会、工作会、报告会、表彰会，后者如茶话会、宴会、联欢会、酒会、舞会等。

教学说明 1

内容讲解 1

（一）会议组织礼仪

1. 会前礼仪

会议前准备工作的三个要点：

第一，明确会议的 4W，即明确会议的议题（what），明确会议开始时间、持续时间（when），明确会议的地点（where）和会议的出席人（who）。

第二，及时、准确发出会议通知。

第三，会场的选择与布置。

　　会场的选择应首先考虑能否满足与会者的人数要求。组织内部会议可根据会议人数确定地点，通常选择在会议室和大礼堂举行。如果承办较大型会议则需考虑交通、住宿等问题，此外，还要考虑会场的设施是否能满足会议需要。

　　会场的布置包括会场四周装饰的设计以及会场设备的准备。

2. 会中礼仪

会中礼仪包括以下几个方面：

（1）会议主持人礼仪

　　会议主持人一般由具有一定职位的人来担任。会议主持人要能够准确介绍参会人员、有效控制会议进程和会议时间、避免跑题或议而不决等。

①主持人应衣着整洁，大方庄重，精神饱满。

②主持人走上主席台应步伐稳健有力，站立主持时应双腿并拢，腰背挺直。

③主持人言谈应口齿清晰，思维敏捷，简明扼要。

④主持人应根据会议性质调节会议气氛，或庄重，或幽默，或沉稳，或活泼。

⑤会议开始后，主持人尽量不要与会场上熟人打招呼，更不要寒暄闲谈，可在会议开始前与熟人点头、微笑致意。

（2）会议座次的安排

①小型会议。一般指参加者较少、规模不大的会议。它的主要特征是全体与会者均应排座，不设立专用的主席台。

👤内容讲解2

目前主要有如下三种具体形式：一是面门设座，如图7-1所示。它一般以面对会议室正门之位为会议主席之座。其他的与会者可在其两侧自右而左地依次就座。二是依景设座。所谓依景设座，是指会议主席的具体位置，不必面对会议室正门，而是应当背靠会议室之内的主要景致，如字画、讲台等等。其他与会者的排座，则略同于前者。三是自由择座。它的基本做法是，不排定固定的具体座次，而由全体与会者完全自由地选择座位就座。

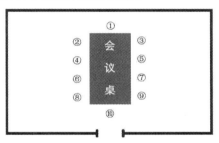

图7-1 小型会议排位

②大型会议。一般是指与会者众多、规模较大的会议。它的最大特点是，会场上应分设主席台与群众席。前者必须认真排座，后者的座次则可排可不排。

👤内容讲解3

大型会场的主席台，一般应面对会场主入口。在主席台上的就座之人，通常应当与在群众席上的就座之人呈面对面之势。每一名主席台成员面前均应放置双向的桌签。主席台排座，具体又可分为主席团排座、主持人座席、发言者席位等三个不同方面的问题。

其一，主席团排座。主席团，指在主席台上正式就座的全体人员。国内目前排定主席团位次的基本规则有三：一是前排高于后排；二是中央高于两侧；三是右侧高于左侧，如图7-2、图7-3所示。具体来讲，主席团的排座又有单数与双数的区分。

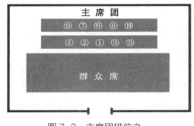 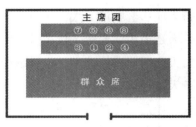

图 7-2　主席团排位之一　　　　　图 7-3　主席团排位之二

其二，主持人座席。会议主持人，又称大会主席，其具体位置之所在有三种方式可供选择：一是居于前排正中央；二是居于前排的两侧；三是按其具体身份排座，但不宜就座于后排。

其三，发言者席位。发言者席位，又叫作发言席。在正式会议上，发言者发言时不宜就座于原处发言。发言席的常规位置有二：一是主席团的正前方，如图 7-4 所示；二是主席台的右前方，如图 7-5 所示。

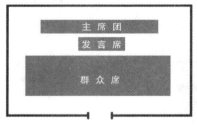 

图 7-4　发言者席位之一　　　　　图 7-5　发言者席位之二

在大型会议上，主席台之下的一切座席均称为群众席。群众席的具体排座方式有二：其一，自由式择座，即不进行统一安排，由大家自主择位而坐。其二，按单位就座，它指的是与会者在群众席上按单位、部门或者按地位、行业就座。它的具体依据，既可以按与会单位、部门的汉字笔画的多少、汉语拼音字母的前后，也可以按其平时约定俗成的序列。按单位就座时，若分为前排后排，一般以前排为高，以后排为低；若分为不同楼层，则楼层越高，排序便越低。

在同一楼层排座时，又有两种普遍通行的方式：一是以面对主席台为基准，自前往后进行横排；二是以面对主席台为基准，自左而右进行竖排，具体排位如图 7-6 和图 7-7 所示。

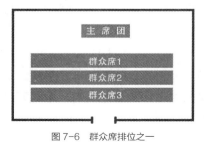

图 7-6　群众席排位之一　　　　　图 7-7　群众席排位之二

3. 会后礼仪

在会议完毕之后，需要注意以下细节，以体现良好的商务礼仪：

①会议要形成文字结果。

②与会人员的通信方式应整理成册，分发给参会人员。

③组织参观，如参观公司或厂房等。

④如果必要，合影留念。

⑤赠送公司的纪念品（视情况而定）。

⑥根据情况为与会人员安排交通工具。

👤 内容讲解 4

👤 内容讲解 5

（二）参加会议礼仪

参加会议时应注意以下方面：

①与会者应带好会议通知，参加会议时要讲究通信工具的使用礼仪等。

②会议参加者应衣着整洁，仪表大方，准时入场，进出有序，按会议安排落座。

③开会时应认真听讲，不要私下小声说话或交头接耳。

④发言人发言结束时，应鼓掌致意。

⑤中途退场应轻手轻脚，不影响他人。

二、情景模拟演练

（一）实训目的和要求

通过实训，明确商务会议礼仪的基本规范、基本程序、基本活动，了解商务会议的基本类型，掌握会议组织者、主持人、参加者等相关各方的会议礼仪要点。能够从一名会议组织者角度策划会议、设计会议通知、设计座次、座位安排，从而了解相关会议的主要流程和组织任务。

（二）场景设计

A 股份公司召开一年一度的股东大会，参加会议的人数为 50 余人，为了使会议能够顺利召开，A 股份公司公关策划部门要为此次股东大会草拟一个会议筹备方案。该部门应如何组织好本次股东大会。

👤 同步训练 1

（三）实训步骤

1. 实训前准备

①实训场地的准备：可移动桌椅的教室。

②设备及材料的准备：摄像机。

2. 实训的具体步骤

①课前教师介绍实训场景并提出实训要求。

②实训角色分配。以小组为单位，按学号顺序兼顾男女生搭配分组。每个小组选出或由教师指定一名主持人。

③每个小组在主持人引导下交流、修改和整合会议筹备方案、会议通知、股东大会座次安排表。

④各小组主持人引导小组讨论、整合成果，并做交流。

⑤各小组回答评判组提问。

⑥教师总结和点评学生实训中存在的个性与共性问题。

3. 实训提示

①会议筹备方案要将各种情况考虑全面。

②会议主持人的选择相当重要，要提前物色、确定。

（四）效果评价

会议礼仪策划实训的效果评价见表7–1。

表7–1　会议礼仪策划实训考评

考评人			被考评人		
考评地点			考评时间		
考核项目	考核内容	分　值	小组评分 50%	教师评分 50%	实际得分
商务会议策划	1. 会议筹备方案	35			
	2. 会议通知的整体布局、格式	15			
	3. 主席台位次、发言者座席、主持人席位、群众席安排等	20			
	4. 课前准备	5			
	5. 团队精神面貌、分工协作	10			
	6. 现场答辩	5			
	7. 小组主持人的表现	5			
	8. 道具准备	5			
	合计	100			

注：考评满分为100分，60~70分为及格，71~80分为中等，81~90分为良好，91分及以上为优秀。（该表可复印后灵活用于教学）

三、学习效果后测

1. 某公司将召开一次业务工作会议，出席人员 20 人左右，会期两天。请按要求草拟一份会议通知。（要求：格式正确、内容完整、文字标点规范。）

即问即答 1

2. 某公司准备召开一次科技成果汇报会，出席人员约 30 人，会期一天。请按制定会议方案的基本要求与方法，草拟一份会议方案。

情商加油站

礼仪是在他的一切别种美德之上加上一层藻饰，使它们对他具有效用，去为他获得一切和他接近的人的尊重与好感。

——洛克

模块二：商务洽谈会礼仪

一、知识目标前测

（一）洽谈会概念

教学说明 2

洽谈会又叫磋商会、谈判会，是指在商务交往中，为了保持接触、建立联系、进行合作、达成交易、拟定协议、签署合同、要求索赔，或是为了处理争端、消除分歧，而坐在一起进行面对面的讨论与协商，以求达成合作或者某种程度上的妥协。

内容讲解 6

商界人士为洽谈进行准备时，重点要放在技术性准备和礼仪性准备这两个方面。

洽谈的技术性准备。例如事先掌握对方基本情况，了解洽谈的"谋篇布局"，否则就会因目标不明、方法不当而功败垂成。

洽谈的礼仪性准备。洽谈者在安排或准备洽谈会时，应当注意仪表。准备并布置好洽谈会的场所、洽谈的座次，以此来显示对洽谈的重视以及对洽谈对象的尊重。

（二）洽谈会组织礼仪

1. 明确会议的目的

在准备会议之前，要明确会议的目的。

内容讲解 7

2. 人员配备

洽谈班子中要有精通业务，有经济、法律头脑，能拍板成交的主谈人员，也要有懂业务、懂技术的人员和有洽谈经验的谈判成员。一个精干、注重礼仪的洽谈班子，不仅会给洽谈创造有利条件，同时也是对对方的尊重。

3. 信息准备

要做好市场调研，了解对方的业务情况，对对方参与洽谈人员的基本情况、每个人的谈判风格、对己方的态度等要了如指掌，以便制定相应的策略。

4. 议程准备

洽谈议程是决定洽谈效率高低的重要一环，每次洽谈谈什么、何时谈、何地谈、如何谈、达到什么目的，事前都要有周密安排，以免在礼仪上有不周之处。

5. 座位安排

一般洽谈会以椭圆桌或长桌为宜，双方人员各自在桌子的一边就座。倘若将谈判桌横放，那么洽谈室正对门的一侧为上座，应请客方就座。背对谈判室正门的另一侧则为下座，应留主方就座。如果谈判桌是竖放的，进门时的右侧为上座，由客方就座；进门时的左侧为下座，由主方就座。双方主谈人员应各自坐在己方一侧的正中间，副手或翻译坐在主谈右边的第一个座位，其他参谈人员以职位高低为序，依照"右一个，左一个，右一个……"的顺序，分别坐在主谈人员的两侧。

（三）洽谈会参加礼仪

内容讲解8

1. 仪容仪表礼仪

出席洽谈会的人员，在仪表上务必要有严格的要求和统一的规定。商界人士在这种场合，理应穿着传统、简约、高雅、规范的最正式的礼仪服装。

2. 言谈举止礼仪

洽谈中言谈举止礼仪主要表现在以下几个方面：

①要有平等的洽谈态度。即使自己比对方实力强大，也应多用商量的口气说话，以增强对方的参与意识，缩短双方的距离。

②洽谈中应注意从容不迫、不慌不忙。注意用恰当的语速、音量，措辞婉转、得体。

③多给别人说话的机会。这不仅是对对方的尊重，同时也给自己一个思考的余地。陈述反对意见前，应充分尊重对方的意见，首先肯定对方的意见是颇有见解的，随后陈述自己的不同意见。

二、情景模拟演练

同步训练2

（一）实训目的和要求

通过实训，明确商务洽谈会礼仪的基本概念，熟悉洽谈会组织礼仪和参加礼仪，掌握洽谈会中会议组织者、会议主持人、会议参加者等相关各方的会议礼仪要点，从而为举办一个圆满的商务会议打好基础。

（二）场景设计

广电行业供需见面会上，A公司对B公司就手机充电器产品有长期合作意向，A公司决定与B公司做进一步的接触、洽谈，遂邀请了B公司代表来A公司进行洽谈。A公司派出采购总监、公关部经理、总经理秘书和财务总监四位代表出席，得知B公司派出销售总监、销售主管、生产总监、财务总监四位代表。双方在A公司第一会议室进行友好洽谈。

（三）实训步骤

1. 实训前准备

①实训场地的准备：有椭圆形会议桌的会议室。

②设备及材料的准备：摄像机、照相机、高脚杯、签约用文件夹、茶具、茶水、笔、记录本。

2. 实训的具体步骤

①课前教师介绍实训场景并提出实训要求。

②将学生分组，每组八到十人。学生可按照自己意愿，自行分配角色，进行情景模拟、角色扮演（互换）练习。角色分三类：主方谈判人员（四名），客方谈判人员（四名），会议服务人员（摄像、茶水，一到两名）。

③在实训过程中，完成迎接、称呼、介绍、递送名片、洽谈成功后的签约、交换文本、握手、干杯、送别等礼仪环节。

④洽谈过程。第一小组根据课前同学准备的脚本结合实际情况进行洽谈，每位成员至少发言两次，一次主动发言（如向对方提问），一次回答对方问题（或辩论）。

⑤主方主持人兼记录员做会议记录。

⑥会议服务人员负责茶水服务、摄像服务，两者要统筹兼顾。

⑦用摄像机记录学生的实训过程。

⑧小组成员自评、总结。

⑨回答评判组提问。

⑩教师总结和点评学生实训中存在的个性与共性问题。

3. 实训提示

①在洽谈会中双方都应面带微笑、态度友好、语言文明礼貌、仪表端庄、仪态优雅、举止彬彬有礼。

②作为服务人员角色应注意倒茶送茶礼仪。

③指导教师在回放考核过程进行提问时，由于课堂时间的关系，可选择有代表性的一组在课堂上进行提问、评分。其他小组可以将录像共享，教师在课后进行评价。

（四）效果评价

商务洽谈会礼仪实训的效果评价见表7-2。

表 7-2　商务洽谈会礼仪实训考评

考评人		被考评人		
考评地点		考评时间		
考核项目	考核内容	分值	小组评分 50%	教师评分 50%	实际得分
商务洽谈会礼仪	1. 仪容仪表：整体搭配、妆容、服装	10			
	2. 仪态：走姿、手势、名片、入座及坐姿、迎送	10			
	3. 称呼礼仪：正式称呼、称呼技巧	5			
	4. 介绍礼仪：自我介绍、介绍他人、集体介绍、业务介绍等	10			
	5. 主方准备、组织	15			
	6. 主客方洽谈过程、洽谈结束表现	15			
	7. 服务人员表现	5			
	8. 团队精神面貌、分工协作	5			
	9. 现场答辩	10			
	10. 小组主持人表现	5			
	11. 情景文案准备	5			
	12. 道具准备	5			
	合计	100			

注：考评满分为 100 分，60~70 分为及格，71~80 分为中等，81~90 分为良好，91 分及以上为优秀。（该表可复印后灵活用于教学）

三、学习效果后测

1. 假设你是 A 公司的业务部经理，带着公司随行人员参加某产品的推介会，你向大客户展示你自己、介绍你的同仁。

2. 四人一组，张三、李四分别为 B 公司的总经理、秘书；王二、赵五分别为 C 大学的副校长、办公室主任。为了商谈 C 大学的教学楼暑期装修工程，B 公司的张三、李四前来拜访 C 大学分管基建的王二副校长，赵五主任作为介绍人。

即问即答 2

情商加油站

一个人若没有果断的品质，他就永远不能算是一个独立的人。……他不过是一个任由环境摆布的玩偶。

——约翰·福斯特

登峰造极的成就源于自律。

——松下幸之助

达到巅峰绝不是一件容易的事。世界上很少有几个人能在自己的专业领域中，被公认为是鹤立鸡群的翘楚，而在历史上留下名声的人，就更是少而又少。这正是杰瑞·莱斯了不起的地方，他被公认为美式足球前卫接球员的最佳代表，他的球场表现是最佳明证。

如果想使自律成为你的资产，以下的行动值得一试：

1. 制定出你做事的优先顺序，然后按这个顺序去做；

2. 把自律的生活方式当成目标；

3. 向你的借口挑战；

4. 工作完成之前，先把奖励挪开；

5. 把目光注视在结果上。

模块三：商务茶话会礼仪

一、知识目标前测

茶话会礼仪，在商务礼仪之中特指有关商界单位召开茶话会时所应遵守的礼仪规范。其具体内容主要涉及会议的主题、来宾的确定、时空的选择、座次的安排、茶点的准备、会议的议程、现场的发言等几个方面。

教学说明 3

（一）茶话会组织礼仪

内容讲解 9

1. 茶话会的主题

在一般情况下，商界所召开的茶话会，其主题大致可分为如下三类：①以联谊为主题；②以娱乐为主题；③以某一专题为主题。

2. 茶话会时空选择

一次茶话会要取得成功，其时间、空间的具体选择，都是主办单位必须认真对待的事情。

内容讲解 10

①茶话会举行的时机。通常认为，辞旧迎新之时、周年庆典之际、重大决策前后、遭遇危险挫折之时等，都是商界单位酌情召开茶话会的良机。

②茶话会举行的时间。根据国际惯例，举行茶话会的最佳时间是下午四点钟左右。有些时候，亦可将其安排在上午十点左右。在具体进行操作时，自可不必墨守成规，而主要应以与会者尤其是主要与会者的方便与否以及当地人的生活习惯为准。

③茶话会的时间长度。对于一次茶话会到底举行多久的问题，可由主持人在会上随机应变，灵活掌握。也就是说，茶话会往往是可长可短的，关键是要看现场有多少人发言，发言是否踊跃。不过在一般情况下，成功的茶话会一般在一至两个小时左右。

④举行茶话会的空间。按照惯例，适宜举行茶话会的场地主要有：主办单位的会议厅；宾馆的多功能厅；主办单位负责人的私家客厅；主办单位负责人的私家庭院或露天花园；包场高档的营业性茶楼或茶室。餐厅、歌厅、酒吧等处均不宜用来举办茶话会。

3. 茶话会座次安排

具体而言，根据约定俗成的惯例，目前在安排茶话会与会者的具体座次时，主要是以下三种方式：

①环绕式。这一安排座次的方式，与茶话会的主题最相符，因而在当前最为流行。

②散座式。多见于在室外举行的茶话会。其目的是要创造出一种宽松、舒适、惬意的社交环境。

③圆桌式。当与会者人数较少时，可围成一桌进行。

就总体而论，为了使与会者畅所欲言，并且便于大家进行交际，茶话会上的座次安排尊卑并不宜过于明显。不排座次，允许自由活动，不摆与会者的名签，乃是其常规做法。

4. 茶点的准备

商务礼仪规定，在茶话会上，为与会者所提供的茶点，应当被定位为配角。在具体进行准备时，需注意以下几点：

①对于用以待客的茶叶与茶具，务必要精心进行准备。选择茶叶时，在力所能及的情况之下，应尽力挑选上等品，切勿滥竽充数。与此同时，要注意照顾与会者的不同口味。对中国人来说，绿茶老少咸宜。而对欧美人而言，红茶则更受欢迎。

②在选择茶具时，最好先用陶瓷器皿，并且讲究茶杯、茶碗、茶壶成套，千万不要采用玻璃杯、塑料杯、搪瓷杯、不锈钢杯或纸杯，也不要用热水瓶来代替茶壶。所有的茶具一定要清洗干净，并且完整无损，没有污垢。

③除主要供应茶水之外，在茶话会上还可以为与会者略备一些点心、水果或是地方风味小吃。需要注意的是，在茶话会上向与会者所供应的点心、水果或地方风味小吃，品种要对路、数量要充足，并且要便于取食。为此，最好同时将擦手巾一并上桌。

按惯例在茶话会举行之后，主办单位通常不再为与会者备餐。

礼仪小贴士 7-1

敬茶的礼仪

杜耒在《寒夜》中有云："寒夜客来茶当酒，竹炉汤沸火初红。"无论是日常生活还是商务待客，茶均是不可或缺的媒介，中国人习惯以茶待客，并形成了相应的饮茶礼仪，冲泡茶有程序的讲究，在每一道程序中都能体现出品茗的艺术。一般而言，程序如下：①嗅茶。主客坐定以后，主人取出茶叶，主动介绍该茶的品种特点，客人则依次传递嗅赏。②温壶。先将开水冲入空壶，使壶体温热。然后将水倒入各种茶盏中。③装茶。用茶匙向空壶内装入茶叶，通常按照茶叶的品种决定投放量。切忌用手抓茶叶，以免杂味混淆，影响茶叶的品质。④请茶。茶杯应放在客人右手的前方。请客人喝茶，要将茶杯放在托盘上端出，并用双手奉上。当宾主边谈边饮时，要及时添加热水，体现对宾客的敬重。客人则需善"品"，小口啜饮，满口生香，而不能做"牛饮"姿态。⑤续茶。往高杯中续茶水时，左手的小指和无名指夹住高杯盖上的小圆球，用大拇指、食指和中指握住杯把，从桌上端下茶杯，腿一前一后，侧身把茶水倒入客人杯中，以体现举止的文雅。

（二）茶话会现场礼仪表现

1. 主持人表现

根据会务礼仪的规范，茶话会的现场发言要想真正取得成功，关键在于主持人的引导得法和与会者的发言得体。

①主持人要能掌握整个会议过程。

②主持人要简单了解每位与会者。在与会者发言之前，可由主持人对其略做介绍。

③在与会者发言前后，应由主持人带头鼓掌致意。

④主持人能够在现场审时度势，因势利导地引导与会者的发言，并且有力地控制会议的全局。在众人争相发言时，应由主持人决定孰先孰后；当无人发言时，应由主持人引出新的话题，求教于与会者，或者由其恳请某位人士发言；当与会者之间发生争执时，应由主持人出面劝阻；如有与会者发言严重跑题或言辞不当，应由主持人带头转换话题。

2. 与会者表现

与会者在茶话会上发言时，表现必须得体。

①在要求发言时，可举手示意，但同时也要注意谦让，不要与人争抢。

②不论自己有何高见，打断他人的发言插嘴，都是失礼的行为。

③在发言的过程中，不论所谈何事，都要语速适中、口齿清晰、神态自然、用语文明。

④肯定成绩时，一定要实事求是，力戒阿谀奉承；提出批评时，态度要友善，切勿夸大事实，故意挖苦。

⑤与其他发言者意见不合时，要注意"兼听则明"，并且一定要保持风度，切勿当场对其表示出不满，或是在私下里对对方进行人身攻击。

（三）茶话会议程

相对而言，茶话会的会议议程，在各类正式的商务性会议之中，都可以称得上是最简单不过的了。在正常的情况之下，商界所举办的茶话会的会议议程，大体只有如下四项：

内容讲解 12

第一项议程：主持人宣布茶话会正式开始。在宣布会议正式开始之前，主持人应当提醒与会者各就各位，并且保持安静。在正式宣布会议开始之后，主持人还可对主要的与会者略加介绍。

第二项议程：主办单位的主要负责人讲话。他的讲话应以阐明此次茶话会的主题为中心内容。除此之外，还可以代表主办单位，对全体与会者的到来表示欢迎与感谢，并且恳请大家给予本单位更多的理解和更大的支持。

第三项议程：与会者发言。根据惯例，与会者的发言在任何情况下都是茶话会的重心之所在。为了确保与会者在发言之中直言不讳、畅所欲言，通常主办单位事先均不对发言者进行指定与排序，也不限制发言的具体时间，而是提倡与会者自由地进行即兴式的发言。有时，与会者在同一次茶话会上，还可以数次进行发言，以不断补充、完善自己的见解、主张。

第四项议程：主持人略做总结。随后，即可宣布茶话会至此结束。

二、情景模拟演练

（一）实训目的和要求

通过实训，明确茶话会组织礼仪和参加礼仪规范，能够以模拟的形式表现茶话会组织礼仪和参加礼仪。作为组织者能够从茶话会的主题、时空选择、座次安排、茶点准备、会议议程等方面做精心准备，作为会议参加者和主持人要注意茶话会现场的良好表现，从而为举办一个圆满的茶话会打好基础。

（二）场景设计

A公司在B酒店商务厅举办新年茶话会，邀请了20余位来自行业、企业和高校的专家。A公司专门成立了八人的会务组，负责本次茶话会的组织接待工作。

（三）实训步骤

1.实训前准备

①实训场地的准备：椭圆形会议桌（或能够举行茶话会的教室）。
②设备及材料的准备：摄像机、签到簿、模拟礼品、茶具、茶水、点心。

2.实训的具体步骤

①课前教师介绍实训场景并提出实训要求。
②将全班学生分三大组。第一组为会务组成员8人，其中包括主持人一名，负责茶水、点心的服务人员两名，签到和礼品负责人员一名，摄像一名，引领人员一

名，机动协调人员两名；第二组为 A 公司人员，约 10 人；第三组为行业专家和大客户代表，约 15 人。

③在实训过程中，各小组完成迎接、称呼、介绍、递送名片、送别等环节的礼仪实训。

④主持人要做好充分准备，特别是开头语和结束语的准备、中途冷场的调节设计等。

⑤座谈过程中，第一小组根据有限的资源做好各种服务，可设计"有茶水泼了"等障碍情境。第二小组和第三小组主客双方每位成员至少发言两次，一次主动发言（或向对方提问），一次回答对方问题。

⑥会务组要做好迎接、签到、引领座位、上茶点等服务，做好会议记录、摄像服务和客方突发性事件的处理等其他服务。

⑦用摄像机记录学生的实训过程。

⑧小组成员自评、总结。

⑨回答评判组提问。

⑩教师总结和点评学生实训中存在的个性与共性问题。

3. 实训提示

①茶话会主持人，要设计好开场发言和结束发言。

②实训环节尽量真实模拟，如参加茶话会的人员应凭邀请函签到。

（四）效果评价

商务茶话会礼仪实训的效果评价见表 7-3。

表 7-3　商务茶话会礼仪实训考评

考评人		被考评人			
考评地点		考评时间			
考核项目	考核内容	分值	小组评分 50%	教师评分 50%	实际得分
商务茶话会礼仪	1. 会务组成员综合礼仪表现	30			
	2. 主持人综合礼仪表现	15			
	3. 参会者综合礼仪	15			
	4. 茶话会邀请函设计	10			
	5. 团队精神面貌、分工协作	10			
	6. 现场答辩	10			
	7. 茶话会准备	10			
	合计	100			

注：考评满分为 100 分，60~70 分为及格，71~80 分为中等，81~90 分为良好，91 分及以上为优秀。（该表可复印后灵活用于教学）

三、学习效果后测

即问即答3

1. 假如你刚毕业到一家外资企业 A 公司工作，在公司为新进员工举行的欢迎茶话会上，请你向全体同事介绍自己。

2. 请模拟 B 公司的经理带着公司随行人员参加另一家公司 30 周年店庆茶话会的礼仪规范。

3. C 公司举办回馈新老客户的茶话会，时间为本周六上午九点，地点在 D 宾馆的五湖四海厅。假设你是该会务组负责人，请做一个组织安排，并拟写一张会议邀请函。

🈶 情商加油站

智商高，情商也高的人，春风得意。智商不高，情商高的人，贵人相助。智商高，情商不高的人，怀才不遇。智商不高，情商也不高的人，一事无成。

——丹尼尔·戈尔曼

CHAPTER8

第八章

商务宴请礼仪

⚲ 引言

礼仪之始，在于正容体，齐颜色，顺辞令。 ——《礼记·冠义》

礼者，敬人也。 ——孔子

论起美来，状貌之美胜于颜色之美，而适宜并优雅的动作之美又胜于状貌之美。

——培根

⊚ 学习目标

专业能力目标	（1）可识别实际生活中的哪些礼仪属于商务宴请礼仪的范畴
	（2）能够区分主要的宴请类型和作用
	（3）能够恰当安排商务宴请座次的安排，并根据客人实际情况进行恰当调整
	（4）能够熟练掌握中餐餐具的使用
	（5）能够承担商务宴请中的礼仪工作
	（6）能够搜集商务宴请礼仪相关案例并进行简单解说
	（7）能够运用商务礼仪知识，规范自身言行，提高自身修养，提升可持续发展能力
方法能力目标	（1）能自主学习新知识
	（2）能够通过电视、报纸、网络等媒体资源查找礼仪相关知识
	（3）具有良好的审美情趣
社会能力目标	（1）树立传承文化、开拓创新的意识
	（2）具有团队精神和协作精神
	（3）具有较强的口头表达能力、人际沟通能力

商务宴请是商务活动和国际交往活动中非常重要的组成部分，恰到好处的宴请，可以起到协调各种业务关系，加强和增进赴宴各方的友谊、情义、感情联络，从而促进商务活动良好发展的作用。当然，商务宴请绝非简简单单地吃饭，宴请时有多种形式，本章主要介绍中餐礼仪规范和西餐礼仪规范。

模块一：中餐礼仪

一、知识目标前测

📚 教学说明 1

（一）主要的宴请类型

1. 宴会

①国宴。国宴是国家元首或政府首脑为国家举办的庆典，或为外国元首、政府首脑来访而举行的正式宴会，规格很高。宴会厅内悬挂国旗，安排乐队演奏国歌及席间乐。席间致辞或祝酒。

👤 内容讲解 1

②正式宴会。正式宴会除不挂国旗、不奏国歌以及出席规格不同外，其余安排大体与国宴相同。正式宴会之所以"正式"，主要在于宴会的人员确定、宴会的时间与地点确定以及宴会的菜肴确定。

③便宴。便宴属非正式宴会，常见的有午宴、晚宴，有时亦有早餐。这类宴会形式简便，可以不排席位、不安排正式讲话，菜肴道数亦可酌减。西方人的午宴有时不上汤，不上烈性酒。便宴较随便、亲切，宜用于日常友好交往。

👤 内容讲解 2

④家宴。家宴即在家中设便宴招待客人。西方人喜欢采用这种形式，以示亲切友好。家宴往往由主妇亲自下厨烹调，家人共同招待。

2. 招待会

①冷餐会。冷餐宴又称自助餐，不排席位，菜品、食品以冷食为主，这种宴请（通常布置成"T"形或长条形）适宜招待人数较多的宾客。

🔍 知识衍生 1

💬 **礼仪小贴士 8-1**

自助餐的由来

　　自助餐，是起源于西餐的一种就餐方式。厨师将烹制好的冷、热菜肴及点心陈列在餐厅的长条桌上，由客人自己随意取食，自我服务。这种就餐形式起源于公元 8—11 世纪北欧的"斯堪的纳维亚式餐前冷食"和"亨联早餐（Hunt breakfast）"。相传这是当时的海盗最先采用的一种进餐方式，至今世界各地仍有许多自助餐厅以"海盗"命名。海盗们性格粗野，放荡不羁，以至于用餐时讨厌那些用餐礼节和规矩，只要求餐馆将他们所需要的各种饭菜、酒水用器皿盛好，集中在餐桌上，然后由他们肆无忌惮地畅饮豪吃，吃完不够再加。海盗们这种特殊的就餐形式，起初被人们视为不文明的现象，但久而久之，人们觉得这种方式也有许多好处，对顾客来说，用餐时不受任何约束，随心所欲，想吃什么菜就取什么菜，吃多少取多少；对酒店经营者来说，由于省去了顾客的桌前服务，自然就省去了许多劳力和人力，可减少服务生的使用，为企业降低了用人成本。因此，这种自助式服务的用餐方式很快在欧美各国流行起来，并且随着人们对美食的不断追求，自助餐的形式由餐前冷食、早餐逐渐发展成为午餐、正餐；由便餐发展到各种主题自助餐，如：情人节自助餐、圣诞节自助餐、周末家庭自助餐、庆典自助餐、婚礼自助餐、美食节自助餐等；按供应方式，由传统的客人取食、菜桌成品发展到客前现场烹制、现烹现食，甚至还发展为由顾客自助食物原料、自烹自食"自制式"的自助餐，真可谓五花八门，丰富多彩。

②鸡尾酒会。主要备有酒水和小吃，仅设小桌或茶几，供宾主放置酒杯和盘碟，以便随便走动。

③茶会。这是一种更为简便的招待形式，地点设在客厅，客厅内需设置桌椅和茶几。茶会的目的一般是交谈而非喝茶，不同于东方的茶道。

④工作餐。一般只请与工作有关的人员参加，参加工作餐的总人数以不超过 10 人为宜。工作餐一般是双边性聚会，属于一种非正式的宴请形式。按照常规，工作餐的餐费结算应当由做东者负责。具体来讲，工作餐的付费方式又分为"主人付费"和"各付其费"。

（二）宴会的组织礼仪

1. 宴请的目的、名义、对象和形式

👤内容讲解 3

宴请的目的是通过宴请所要达到的商务目的，宴请的名义即为宴请的理由，宴请的对象是指所要宴请之人，宴请的形式为宴请所采取的方式。

2. 宴请的时间和地点

宴请的时间，应该选在主、客双方都方便的时间。宴请地点的选择，实为用餐环境的选择，因此，应注意卫生、方便和安全。

🔍知识衍生 2

💬**礼仪小贴士 8-2**

各国对数字的喜恶

在国外，人们往往对于不同数字有所偏好，在宴请时间的选择上，应尽量避开令人不快的数字。日本人喜欢奇数，不喜欢偶数，尤其是对 3、5、7 特别喜欢。欧美国家除了对数字 13 禁忌之外，还普遍对星期五这个日子非常厌恶，他们认为星期五是黑暗并且不顺利的。与西方习俗类似，不少韩国人也不喜欢 13 这个数字。

3. 发出邀请

发出邀请有正式与非正式之别。前者多采用书面形式，主要是请柬邀请；后者可采用电话或口头的形式。

💬 礼仪小贴士 8-3

请柬范例

（一）正式宴会请柬

例一：

×××先生（女士）：

为欢迎美国×××州长率领的美国×××州友好代表团访问杭州，谨定于×年×月×日（星期×）晚×时在××饭店××阁举行宴会。

敬请光临！

浙江省人民政府

×年×月×日

例二：

×××先生（女士）：

为欢迎×××先生到来，谨定于×年×月×日（星期×）晚×时在××宾馆××楼举行宴会。

敬请光临！

××××公司

总经理×××

×年×月×日

（二）普通请柬

×××先生（女士）：

谨定于×年×月×日（星期×）晚×时在××饭店举行宴会。

敬请光临！

×××

×年×月×日

4. 确定菜单

点菜是学问，又是艺术。随着人们生活水平的提高，餐饮文化的发展，饮食习惯也在发生着悄然无声的变化。如今的人们，与其说是"吃饭"，不如说是"吃文化、吃特色、吃环境"。正式宴会的菜单通常由主办方事先确定，但在确定菜单时应注意营养搭配合理、照顾客人喜好和体现本地餐饮文化特色及餐馆特色的基本原则。

👤 内容讲解 4

点菜时，可以优先考虑的有：中餐特色菜、本地特色菜、餐馆特色菜、主人特色菜等，主办方对于菜单的确定，不一定能完全保证迎合客人的喜好，但绝对不能犯禁忌。可主要考虑宗教禁忌、职业禁忌、地域差异、个人禁忌等。

5. 宴会的桌次和席位

举办正式宴会，一般均应提前排定其位次。宴会的排位，通常又可分为桌次安排与席次安排两个具体方面。

（1）桌次的安排

在宴会上，倘若所设餐桌不止一桌，则有必要正式排列桌次。排列桌次的具体讲究有三：以右为上、以远为上、居中为上。

当餐桌分为左右时，应以居右之桌为上。此时的左右，是在室内根据"面门为上"的规则所确定的，如图8-1所示。

当餐桌距离餐厅正门有远近之分时，通常以距门远者为上，如图8-2所示。

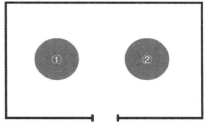
图8-1 桌次排位之一

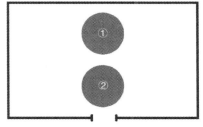
图8-2 桌次排位之二

当多张餐桌并排列开时，一般以居中央者为上，如图8-3所示。

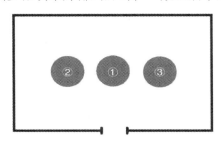

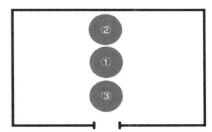
图8-3 桌次排位之三

在大多数情况下，以上三条桌次排位规则往往是交叉使用的，如图8-4至图8-7所示。

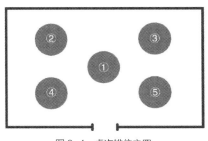
图8-4 桌次排位之四

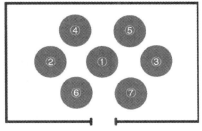
图8-5 桌次排位之五

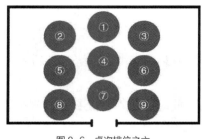
图 8-6　桌次排位之六

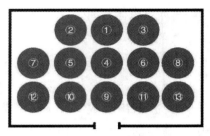
图 8-7　桌次排位之七

（2）席次的安排

在宴会上，席次具体是指同一张餐桌上席位的高低。中餐宴会上席次安排的具体规则有四：

其一，面门为主。即主人之位应当面对餐厅正门。有两位主人时，双方则可对面而坐，一人面门，一人背门。

其二，主宾居右。它的含义是，主宾一般应在主人右侧之位就座。

其三，好事成双。根据传统习俗，凡吉庆宴会，每张餐桌上就座之人应为双数。

其四，各桌同向。通常，宴会上的每张餐桌上的排位均大体相似。

席次排位的规则具体如图 8-8（单主人情况下）、图 8-9、图 8-10（双主人情况下）所示。

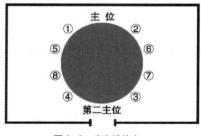
图 8-8　席次排位之一

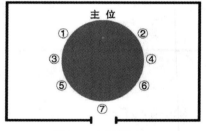
图 8-9　席次排位之二

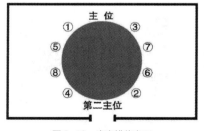
图 8-10　席次排位之三

6. 宴请的程序

主方宴请的一般程序如图 8-11 所示。

图8-11 主方宴请的程序

（三）餐具的使用常识

中式餐具主要分为主餐具和辅餐具两大类。主餐具主要有筷、匙、碗、盘，辅餐具主要有水杯、湿巾、水盂、牙签。中式餐具比较常见但在实际使用中仍存在着大量不规范的现象。

👤 内容讲解5

1. 筷子的使用

使用筷子取菜时，需要注意下列问题：

（1）不"品尝"筷子

不论筷子上是否残留着食物，都不要去舔，而长时间把筷子含在嘴里也不合适。

（2）不"跨放"筷子

当暂时不用筷子时，可将其放在筷子架上或放在自己所用的碗、碟边缘上。忌把它直接放在餐桌上，更不要将其横放在碗、盘上，尤其是公用的碗、盘上。掉在地上的筷子不能再用，而是请服务员再拿一副。

（3）不"插放"筷子

不用筷子时，将其"立正"插放在食物、菜肴之上尤为不可，另外，也不要把筷子当叉子，去叉取食物。

（4）不"舞动"筷子

与他人交谈时，应暂时放下。切不可以其指点对方，或是拿着它停在半空中，好像迫不及待地要去夹菜。

2. 匙的使用

使用匙时要注意下列四点事项：

①使用汤勺时一般用右手。右手执筷同时又执汤勺是最忌讳的。

②用勺子取用食物后，应立即食用，不要把它再次倒回原处。

③用匙取食物时，不宜过满，免得溢出来弄脏餐桌或自己的衣服。

④若取用的食物过烫，不要用嘴对它吹来吹去，而要待其温度适宜时再吃。

3. 碗、盘的使用

在正式场合用餐时，用碗、盘的注意事项主要有四点：

①不要端起碗来进食，尤其是不要双手端起碗来进食。

②不宜在暂且不用的碗内乱扔东西。

③取放的菜肴不要过多，看起来既杂乱不堪，又有浪费之嫌。

④不宜入口的残渣、骨、刺不要吐在地上、桌上，而应用筷子或汤匙将其轻轻从口中取出，放在食碟前端，必要时再由侍者取走、换新。

4.水杯、湿巾、水盂、牙签的使用

（1）水杯

中餐所用的水杯，主要用于放清水、汽水、果汁、可乐等软饮料，不要以之去盛酒。

（2）湿巾

湿巾用来擦手，绝对不可用以擦脸、擦嘴、擦汗。擦手之后，应将其放回盘中由侍者取回。有时在正式宴会结束前，会再上一块湿毛巾，与前者不同的是，这次它只能用来擦嘴，也不宜擦脸与抹汗。

（3）水盂

有时，品尝中餐者需要手持食物进食。此刻，往往会在餐桌上摆上一个水盂，即盛放清水的水盆。值得注意的是：一者，水盂里的水决不能喝；二者，在水盂里洗手时，不要甩、抖，而应两手轮流沾湿指尖，然后轻轻浸入水中刷洗；三者，洗毕，应将手置于餐桌之下，用纸巾擦干。

（4）牙签

用餐时，尽量不要当众剔牙。非剔不可时，应以另一只手掩住口部进行。剔牙之后，不要长时间叼着牙签。取用食物时，不要用牙签扎取。

二、情景模拟演练

（一）实训目的和要求

通过实训任务，使学生能根据具体情况合理安排宴请的时间、地点和席位，确定满足宾主双方要求的菜单；在赴宴过程中，能灵活运用各种符合礼仪要求的语言、动作和表情；能熟练地使用中式餐具用餐。

（二）场景设计

王琳是一家著名跨国公司的总经理秘书，总经理钱先生吩咐其筹备一次正式的晚宴，以宴请该公司在国内最大的客户李总裁，答谢李总裁及其公司高级员工一年来给公司的支持。根据钱总经理的吩咐，晚宴时间拟定于下周五傍晚6：30，地点由王琳选择，大致范围为市内的高档酒店，邀请人员包括客户公司的总裁李先生、副总裁宋女士、业务主管唐小姐、丁先生和公关经理张先生，本公司市场总监赵先生和王琳作为钱总经理的陪同人员参加宴会。因为在工作中有过多次接触，王琳与李总裁已经比较熟悉，知道李总裁是四川人，不太喜欢海鲜，非常爱吃麻辣味的食物；而钱总经理是上海人，偏爱清淡的食物。

（三）实训步骤

1. 实训前的准备

①实训场地的准备：餐饮服务实训室或教室。

②设备及材料的准备：餐桌、餐椅以及餐盘、筷子、碗、匙等餐具。

2. 实训的具体步骤

①课前教师介绍实训场景并提出实训要求。

②实训角色分配。以小组为单位，具体角色由学生自由商定，设定一名同学为该小组主持人。

③角色扮演。每位同学根据角色需要进行充分准备，分别扮演以下角色：

宴会组织方人员：钱总经理、王琳、市场总监赵先生。

参加宴会方人员：总裁李先生、副总裁宋女士、业务主管唐小姐、丁先生和公关经理张先生。

其他人员：酒店经理、主持人。

④主持人开场，开始情景剧表演。

第一个场景 A：李总裁等参加宴会的赴宴准备。

第一个场景 B：王琳等宴会组织方的筹备工作，包括如何发出邀请，如何和对方确定宴会时间、地点，如何选择酒店、拟定菜单等，中餐宴请的场景如图 8-12 所示。

图 8-12　中餐宴请场景

第二个场景：主宾双方的会面，包括王琳等宴会组织方的迎宾、赴宴方的见面寒暄。

第三个场景：钱总经理、王琳和市场总监赵先生在入席、开席、致辞、进餐和送别等各个环节中的语言、表情和动作。

⑤回答评判组问题。（由教师和学生共同担当评委，组成一定人数的评判组）

⑥教师点评，重点让学生掌握要领和细节。

3. 实训提示

①主宾双方注意仪容仪表。

②菜单的确定应考虑客方的地域饮食差异，口味喜好。

③酒水确定注意征求客方意见。

④客方赴宴注意适时，根据需要考虑礼品赠送。

（四）效果评价

中餐礼仪实训的效果评价见表8-1。

表8-1 中餐礼仪实训考评

考评人			被考评人		
考评地点			考评时间		
考核项目	考核内容	分　值	小组评分 50%	教师评分 50%	实际得分
中餐礼仪	1. 仪容、仪表	10			
	2. 酒店、菜单的选择	10			
	3. 主方预约	5			
	4. 见面礼仪	10			
	5. 座次安排	15			
	6. 席间礼仪（坐姿、交谈、斟酒、敬酒等）	20			
	7. 团队精神面貌、分工协作	5			
	8. 现场答辩	10			
	9. 主持人表现	5			
	10. 文案准备	5			
	11. 道具准备	5			
	合计	100			

注：考评满分为100分，60~70分为及格，71~80分为中等，81~90分为良好，91分及以上为优秀。（该表可复印后灵活用于教学）

三、学习效果后测

1. 请您完成下面的问题。

①共用工作餐的人数最好不要超过_____人。

②工作餐一般是_____聚会。

③西方职业经理人一般采用_____的餐费结算方式。

④列举工作餐用餐终止的条件和信号。

即问即答1

⑤请给图 8-13 中的六桌桌次按照主次编号排序。

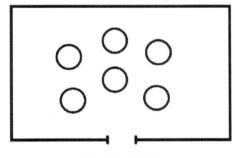

图 8-13　桌次排序

⑥筷子是享受中餐时最重要的餐具。结合你的亲身体会，总结一下有关使用筷子的失礼备忘录，如用筷子随意敲打碗盏或茶杯等。

⑦劝酒夹菜是中国人热情的表示。请问，这一行为对哪些人要慎重。

情商加油站

情商低的五大表现：

（1）说话过于直接，不懂共情；

（2）听不懂他人弦外之音；

（3）非常情绪化，不懂得控制情绪；

（4）喜欢依赖他人；

（5）钝感力差，受不了打击。

模块二：西餐礼仪

一、知识目标前测

西餐是对西式饭菜的一种约定俗成的统称。西餐来自西方国家和必须以刀叉取食是它区别于中餐的两个鲜明的特点。在国际商务活动中经常举办西餐宴请。因此，掌握西餐礼仪对促进国际商务活动的顺利进行有着重要的意义。值得指出的是西餐分欧式（以法、英、意为代表）、俄式和美式。欧式口味清淡，款式多，制作精细。俄式油重、味浓。美式是在英式基础上发展而来的。以上各式西餐各具特色。而法国人的就餐礼仪已成为西方宴会的经典模式。

👤 内容讲解 6

👤 内容讲解 7

（一）西餐的餐具使用

1. 西餐餐具的摆放

西餐餐具的种类和数量，依餐会的正式程度而定。一般而言，越正式的餐会，刀叉盘碟摆得越多。

2. 西餐餐具的使用

（1）刀与叉的用法

①右手握刀姿势。右手拇指抵住刀的一侧，食指按在刀柄背上，其余三指自然弯曲抵住刀的另一侧。

②左手握叉姿势。与握刀相似，叉齿向下。

③使用刀叉切割食物。右手持刀，左手持叉按住食物（可使用橡皮泥等替代品），用刀切割食物，切好后将刀放在盆子边沿上，刀刃向自己，用叉将食物送入嘴中。注意每次切下食物的大小。

④使用刀叉食用颗粒状食物。用刀将食物推到叉子上，用叉子将食物送入嘴中。

⑤单独用叉。右手持叉，叉齿向上。

⑥刀叉的摆放。中途暂时离开时，刀叉呈"八"字形放置，刀刃向内，叉齿向下。用餐完毕时，刀叉并拢放置于餐盘中心偏右下方，刀右叉左，刀刃向内，叉齿向上。

（2）餐巾的用法

①用双手打开餐巾，注意不可用力过大，将餐巾对折后放在双腿上。

②用餐巾擦嘴或擦手，擦拭后将有污渍的一面折到里面。

③中途如暂时离开座位，需将餐巾折叠后放在椅子上。

④用餐完毕、离开饭桌时，将餐巾放回桌面上。

（3）酒杯的用法

①端酒杯。用手指捏着杯脚。

②喝酒。将杯子移到嘴边再喝，不要伸长脖子喝酒。

（4）匙的用法

持匙用右手，持法同持叉，但手指务必持在匙柄之端，除喝汤外，不用匙取食其他食物。

（5）洗手钵的用法

先左手后右手，依次将手指浸入洗手钵中，洗过的手指应用餐巾擦拭干净。

（二）西餐的上菜顺序

一般而言，西餐有正餐与便餐之别，严格地讲，二者的菜序差异较大，即使是西餐正餐，其菜序既复杂多样，又讲究甚多。在大多数情况下，西餐的正餐菜序及菜肴如图 8-14 所示。

图 8-14　西餐正餐的菜序及菜肴

👤 内容讲解 8

通常，一顿便餐的标准菜肴由开胃菜、汤、主菜、甜品和咖啡组成。

💬 **礼仪小贴士 8-4**

牛排的"几成熟"

牛排的生熟程度，在西餐中称"几成熟"。

三成熟：切开牛排见断面仅上下两层呈灰褐色，其间 70% 的肉为红色并带有大量血水，最能保留牛肉的鲜美。

五成熟：切开牛排见断面中央 50% 肉为红色，带少量血水，是品尝牛扒的最佳成数。

七成熟：切开牛排见断面中央只有一条较窄的红线，肉中血水已近干，是大众选择的成数。

八成熟：切开以后无血汁流出，切口呈粉红色，是刚接触牛扒的人的最佳选择。

全熟：切开以后渗出少量清澈的肉汁，肉质变得稍硬，一般不推荐选择，但有宗教信仰的人合适。

全白：是在全熟的基础上更进一层，切开后肉质呈白色，属个别需求，并不推荐。

西方人爱吃较生的牛排，因为这种牛排含油适中又略带血水，口感甚是鲜美。

东方人更偏爱七成熟，因为怕看到肉中带血，因此认为血水越少越好。

（三）西餐的席位排列

在多数情况下，西餐的座次问题更多地表现为席位的问题。

1. 距离定位

根据主人的位置来确定，离主人越近席位越高。

2. 女士优先

女主人为第一主人，女士备受尊敬。

3. 以右为尊

就某一特定位置而言，其右侧之位高于其左侧之位。

4. 面门为上

面对餐厅正门的席位要高于背对餐厅正门的席位。

内容讲解9

5. 交叉排列

男、女交叉排列和熟人、陌生人交叉排列。

西餐中常见的座次安排如图8-15、图8-16所示。

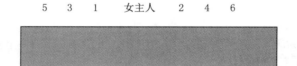

图8-15 "一"字形餐台座次安排示意图（1）

图8-16 "一"字形餐台座次安排示意图（2）

（四）西餐摆台

西式餐具有刀、叉、勺、盘、杯等。

餐刀分为食用刀（沙拉刀）、鱼类刀、正餐刀（肉类刀）、奶油刀等；叉分为食用餐叉（沙拉餐叉）、鱼类餐叉、正餐餐叉等；勺有汤勺、甜品勺等；盘有垫盘、餐盘；杯的种类很多，水杯、酒杯多为玻璃制品，不同的酒使用的酒杯规格不同，宴会有几道酒就配几种酒杯。茶杯、咖啡杯均为瓷器，并配有小碟。

吃正餐刀叉数目应与菜的道数相同，按照上菜顺序由外向里排列，使用也是从外向里使用。撤盘时，一并撤去使用过的刀叉。西餐餐具的摆台原则是食盘居中、右刀左叉、刀尖向上、刀口向左、叉背向下、叉齿向上，具体如图 8-17 所示。

图 8-17　西餐摆台图

（1）餐巾（napkin）。

（2）鱼叉（fish fork）。

（3）主菜叉（dinner or main course fork）。

（4）沙拉叉（salad fork）。

（5）汤杯及汤底盘（soup bowl & plate）。

（6）主菜盘（dinner plate）。

（7）主菜刀（dinner knife）。

（8）鱼刀（fish knife）。

（9）汤匙（soup spoon）。

（10）面包及奶油盘（bread & butter plate）。

（11）奶油刀（butter knife）。

（12）点心匙及点心叉（dessert spoon and cake fork）。

（13）水杯（water goblet）。

（14）红酒杯（red wine goblet）。

（15）白酒杯（white wine goblet）。

（五）西餐的用餐方法

1. 面包的吃法

（1）取面包。用手掰取面包，放入自己的面包碟。

（2）食用面包。掰取面包碟中的面包，用刀抹上黄油，放入嘴中。

2. 汤的吃法

（1）汤的舀取。从桌边向桌中心方向舀取。

（2）用勺子喝汤。从勺子的侧边处吸吮，不要发出声音。

（3）汤过烫时。用勺子搅动冷却。

（4）用杯子喝汤。把勺子放在杯托里，端起杯子直接喝。

3. 沙拉的吃法

（1）右手拿叉，叉齿朝上，舀取食物。

（2）大片蔬菜。用叉子侧面切下大小合适的蔬菜，再用叉子送入嘴中。

4. 甜品的吃法

（1）叉子。使用叉子食用糕点。

（2）勺子。使用勺子食用冰淇淋。

（3）刀。用刀食用香蕉、哈密瓜时，用刀将香蕉切开，叉食；用刀将哈密瓜瓜肉与瓜皮切离，叉食。

5. 咖啡的饮用

（1）小勺。用来搅拌，搅拌好之后放置在杯托中。

（2）握杯。食指穿过杯耳，拇指压住杯耳，其余三指自然弯曲抵住杯身。

（3）饮用。小口饮用，不可一口饮完。

💬 **礼仪小贴士 8-5**

西餐文化的特色

西餐文化的特色可用"6M"来归纳，即"menu"（菜谱）、"music"（音乐）、"mood"（气氛）、"meeting"（会面）、"manner"（礼节）、"meal"（食品）。

1. Menu。西餐中菜谱被视为餐厅的门面，通常采用最好的材料做菜谱的封面，有的甚至用软羊皮打上各种美丽的花纹，显得格外典雅精致。菜谱的重要性不必多说，在法国，就是戴高乐、德斯坦总统吃西餐也得看菜谱点菜。因为看菜谱点菜已成了吃西餐的一个必不可少的程序，是一种优雅生活方式的表现。请宾客根据个人喜好自行点菜，是一种尊重对方的表现。

2. Music。豪华高级的西餐厅或酒店，通常会有乐队，演奏一些柔和的乐曲，一般的西餐厅也播放一些美妙典雅的乐曲。这里最讲究的是乐声的可闻度，声音要达到"似听到又似听不到的程度"，即集中精力和友人谈话就听不到，在休息放松时就听得到，这个"火候"要掌握好。

3. Mood。西餐讲究环境雅致，气氛和谐。除了要有音乐相伴之外，桌台一定要整洁，所有餐具一定要洁净。如遇晚餐，灯光要昏暗，桌上要有红色蜡烛，以营造一种浪漫、迷人、淡雅的气氛。

🔍知识衍生3

4. Meeting。选择西餐方式进行商务宴请，前提是宴请的宾客对西餐应有所了解或可以接受，避免因宾客不熟悉或不喜欢吃西餐而造成双方尴尬。吃西餐主要是为联络感情，因此在西餐餐桌上不应讨论过于严肃的话题，即便是商务话题，也应以轻松的方式进行交谈，切勿争论。

5. Manner。这是指"吃相"和"吃态"。西餐宴请应遵循西方的习俗，勿有唐突之举。特别是西餐餐具与中餐餐具有较大区别，使用的规矩、讲究更多，稍不留意就会"失态"。另外，西餐宴会，主人会安排男女相邻而坐，讲究"女士优先"，表现出对女士的尊重。

6. Meal。一位美国美食家曾这样说："日本人用眼睛吃饭，料理的形式很美；吃我们的西餐，是用鼻子的，所以我们鼻子很大；只有你们伟大的中国人才懂得用舌头吃饭。"中餐是以"味"为核心，西餐则以营养为核心，至于味道当然是无法同中餐相提并论的。

🔍 知识衍生 4

二、情景模拟演练

（一）实训目的和要求

通过实训任务，使学生掌握西餐宴请及就餐礼仪规范，在商务宴请活动中，能根据对方的特点和饮食习惯来安排、招待客人，表现出良好的礼仪规范，具备举办西餐宴会的组织接待能力。

（二）场景设计

某公司为提高管理人员的管理水平，进一步提升企业的核心竞争力，特邀请管理专家——国外某著名大学教授 Black 先生来国内做讲座。与 Black 先生一同来中国的还有其太太和女儿。当晚，公司董事长夫妇在一家五星级饭店的西餐厅设宴为 Black 先生一家接风。同时，董事长夫妇还邀请了公司王总经理夫妇和 Black 先生在国内的学生林虎作陪。西餐宴请的场景如图 8-18 所示。

图 8-18 西餐宴请场景

（三）实训步骤

1. 实训前的准备

①实训场地的准备：餐饮服务实训室或教室。

②设备及材料的准备：准备好一定数量的餐桌、餐椅、餐巾、刀、叉、勺、酒杯、汤盆、汤杯、餐盘、咖啡杯、碟子、洗手钵等。

2. 实训的具体步骤

①课前教师介绍实训场景并提出实训要求。

②实训角色分配。以小组为单位，具体角色由学生自由商定，设定一名同学为该小组主持人。

③角色扮演。每位同学根据角色需要进行充分准备，分别扮演以下角色：

宴会组织方人员：董事长夫妇。

参加宴会方人员：Black 先生、Black 先生的太太、Black 先生的女儿、王总经理夫妇、林虎先生。

其他人员：主持人。

④主持人开场，开始情景剧表演。

第一个场景 A：Black 先生一家参加宴会的赴宴准备。

同步训练

第一个场景 B：董事长作为宴会组织方的筹备工作，包括如何发出邀请，如何和对方确定宴会时间、地点，如何选择酒店、拟定菜单等。

第二个场景：主客双方的会面，包括主方的迎宾、客方的见面寒暄。

第三个场景：主客方在入席、开席、致辞、进餐、会谈、送别等各个环节中的语言、表情和动作。重点演示餐巾的使用、刀叉的使用、酒杯的使用、面包的吃法、汤的吃法、沙拉的吃法、甜品的吃法、咖啡饮用以及洗手钵的使用。

⑤回答评判组问题。

⑥教师点评，重点让学生掌握要领和细节。

3. 实训提示

①主宾双方注意仪容仪表。

②座位的安排遵循"以近为尊，以右为尊，男女交叉"的原则。

③宴会的正式开始是以女主人打开餐巾为标志的。

④入座讲究女士优先的原则，入座或离座时，都应从座椅左侧走。

⑤规范使用西餐餐具，每一道菜都有不同的盘子、刀叉、勺子、杯子。

⑥客方赴宴注意适时到达，根据需要考虑礼品赠送。

（四）效果评价

西餐礼仪实训的效果评价见表 8-2。

表 8-2 西餐礼仪实训考评

考评人		被考评人		
考评地点		考评时间		
考核项目	考核内容	分值	小组评分 50%	教师评分 50%	实际得分
西餐礼仪	1. 仪容、仪表	5			
	2. 酒店、菜肴的选择	5			
	3. 主方预约	5			
	4. 见面礼仪	5			
	5. 座次安排	10			
	6. 刀与叉的用法	10			
	7. 餐巾的用法	10			
	8. 匙、酒杯、洗手钵的用法	10			
	9. 席间礼仪（坐姿、交谈、敬酒等）	10			
	10. 团队精神面貌、分工协作	5			
	11. 现场答辩	10			
	12. 主持人表现	5			
	13. 文案准备	5			
	14. 道具准备	5			
合计		100			

注：考评满分为 100 分，60~70 分为及格，71~80 分为中等，81~90 分为良好，91 分及以上为优秀。（该表可复印后灵活用于教学）

三、学习效果后测

1. 吃西餐时，观察西餐厅的环境氛围与中餐厅有哪些不同的地方。

2. 请判断图 8-19 中进餐的环节，并对其做出分析和解释。

（进餐过程中的操作是否规范，如有不当请指出并予以纠正。）

(a)   (b)   (c)

图 8-19 进餐过程图

即问即答 2

3.薛经理在一家高档西餐厅用餐。用餐进行一半时手机响了，为了出去接电话，她匆忙放下刀叉就往外赶，等打完电话回来准备继续用餐时，发现她的餐具已经被服务员收走了。请你分析发生这种情况最可能的原因是什么？

（a）_____

（b）_____

（c）_____

4.喝咖啡时要注意哪些问题？

🛢 情商加油站

阳光心态：

阳光心态是一种积极、知足、感恩、达观的心智模式。

具备阳光心态可以使人深刻而不浮躁，谦和而不张扬，自信而又亲和，帮助缔造自我内心和谐、家庭和谐以及团队和谐。

🔍趣味贴士

CHAPTER9

第九章

商务仪式礼仪

🧭 引言

人伦关系，便是以伦理的观点来建立合理的人际关系。——曾仕强

人无礼则不生，事无礼则不成，国无礼则不宁。——荀子

人有礼则安，无礼则危，故曰：礼者不可不学也。——《礼记》

善气迎人，亲如弟兄；恶气迎人，害于戈兵。——管仲

世界上最廉价，而且能得到最大收益的一项物质，就是礼节。——拿破仑·希尔

土扶可城墙，积德为厚地。——李白

伪装下去，直到你真的能够做到。——威廉·索尔比

我们应该注意自己不用言语去伤害别的同志，但是，当别人用语言来伤害自己的时候，也应该受得起。——刘少奇

我有一个绅士朋友说过："小的时候妈妈教我，作为一位绅士，身上有两件东西必须永远是干净的，一是底裤，二就是袜子。"——靳羽西

教学说明1

◎ 学习目标

专业能力目标	（1）可识别实际生活中的哪些礼仪属于商务仪式礼仪的范畴
	（2）能够恰当安排商务仪式中的座次安排，并根据客人实际情况进行恰当调整
	（3）能够简单策划并较好地承担庆典仪式礼仪工作
	（4）能够简单策划并较好地承担签字仪式礼仪工作
	（5）能够简单策划并较好地承担新闻发布会仪式礼仪工作
	（6）能够搜集商务会议礼仪相关案例并进行简单解说
	（7）能够运用商务礼仪知识，规范自身言行，提高自身修养，提升可持续发展能力
方法能力目标	（1）能自主学习新知识
	（2）能够通过电视、报纸、网络等媒体资源查找礼仪相关知识
	（3）具有良好的审美情趣
社会能力目标	（1）树立传承文化、开拓创新的意识
	（2）具有团队精神和协作精神
	（3）具有较强的口头表达能力、人际沟通能力

仪式活动，是现代交往活动的重要内容之一，而任何仪式活动的举行都必须遵循一种较为正规的做法或标准要求，这就是仪式礼仪。商务仪式是指企业为了庆祝或纪念某个重要日子、重大事件而举行的气氛热烈而又隆重的活动。随着企业的蓬勃发展和业务的不断扩大，围绕着商务活动开展的各类仪式也频繁起来。有明确目的的商务仪式，可以表明企业对相关部门、贸易伙伴以及广大客户真诚、郑重的态度。同时，因为商务会议有社会各界的参加，企业借此也能扩大影响、树立形象，让社会更多地了解企业，起到很好的公关宣传作用。如果企业能抓住这个有利时机，借助商务仪式的特定内容、主题和场景气氛来树立企业形象，往往会收到意想不到的效果。因此，在商务交往活动中，无论是主办方还是参加者，都必须遵守一定的流程、礼仪惯例、举止和言行，这就是商务仪式礼仪，是商务交往取得成功的基本前提和重要保障。商务礼仪中的仪式是丰富多彩、繁复多样的，如开业典礼、剪彩仪式、签字仪式、交接仪式、奠基仪式、竣工仪式、通车仪式等。本章主要介绍开业典礼、签约、新闻发布会三种仪式的礼仪规范。

模块一：开业典礼礼仪

一、知识目标前测

开业典礼是现代商务活动中各类公司、宾馆、商店、银行等企业在成立或正式营业时，为了表示庆贺或纪念，经过周密策划、精心安排，按照一定的程序所专门举行的一种庆祝仪式。开业典礼是企业在社会公众面前的第一次亮相，可以达到宣传自己、扩大传播范围、塑造企业良好形象、争取更多客户的目的。一个成功的开业典礼可以很

内容讲解 1

好地体现企业的组织能力、社交水平及文化素质，是企业发展的第一个里程碑。为强化其作用、扩大影响，商务人员应精心设计、安排庄重而热烈的开业仪式。开业典礼的形式并不复杂，历时也不能太长，但要办得热烈隆重、丰富多彩，给人留下深刻而美好的印象，却并非易事。筹办开业典礼的工作大致可归纳为准备工作、开业活动、结束工作三部分。

（一）开业典礼的准备

开业典礼的准备工作是极其重要的。准备工作做得充分与否对整个典礼过程以及企业业务，乃至企业的社会形象，都有着直接的影响。因此，企业应本着活动

热烈、节俭与缜密的原则，认真地予以筹备。所谓热烈，是指要想方设法在开业典礼的举办过程中营造出一种欢快、喜庆、隆重且令人激动的氛围；节俭，是指在典礼的筹备和举办过程中，应勤俭节约、量力而行，反对铺张浪费、暴殄天物；缜密，则是指在筹备开业典礼时，既要遵行礼仪惯例，又要具体情况具体分析，认真策划、注重细节、分工负责、一丝不苟，力求周密、细致，严防百密一疏、临场出错。具体来说，筹备开业典礼时，应注意在舆论宣传、来宾约请、场地布置、接待服务、程序拟定等几个方面做好认真的安排和充分的准备。

1. 做好舆论宣传工作

企业可运用报纸、电台、电视台等传播媒介多做报道，广泛发布广告，企业也可派人在公众场合散发宣传品，造成一定的舆论声势，引起公众的广泛关注。报道的内容多为开业典礼举行的日期、地点，企业的经营范围及特色，开业的优惠情况等。公关及宣传等活动宜安排在开业典礼前三到五天进行，最早不超过一周，过早和过迟都难以收到良好的效果。

2. 确定来宾名单

除媒体记者外，在力所能及的条件下，要力争多邀请一些来宾参加开业典礼，但在出席人员的挑选上也不应滥竽充数，或是让对方为难。确定庆典的出席者名单时，应当始终以举办庆典的宗旨为指导思想。一般来说，庆典的出席者通常应包括如下人士：

（1）上级领导。上级领导如地方党政领导、上级主管部门的领导等，主要是为了表达企业对上级领导在以往工作中所给予的关心、指导的感谢之情，并希望能继续得到支持。

（2）社会名流。邀请社会名流，是希望通过他们的"名人效应"，更好地提高本单位的知名度。

（3）合作伙伴。邀请合作伙伴的目的是分享成功的喜悦及表明希望彼此进一步合作、促进本行业共同发展的愿望。

（4）社区负责人及客户代表。邀请社区负责人及客户代表，通过他们协调好企业与本地区的关系，让更多的人关心、支持本企业的发展。除了出席者名单以外，还应列出本企业参加开业典礼的领导、员工代表、服务人员的名单。嘉宾名单拟出并经领导同意后，应印制并认真填写请柬，然后将其装入精美的信封，在典礼进行的前一周发出或由专人送达对方手中，以便对方早做安排。鉴于庆典的出席人员较多，牵涉面广，故不到万不得已，切不可将庆典取消、改期或延期。

3. 布置开业典礼现场

开业典礼多在开业现场举行，其场地可以是正门之外的广场，也可以是正门之内的大厅，一般选在公司、商场、酒店的正前门。布置开业典礼现场时，应在节俭的前提下，尽可能地美化庆典现场，以营造欢快、隆重的气氛。按惯例，举行开业典礼时宾主应一律站立，故一般不布置主席台或座椅。为显示隆重与敬意，可在来宾尤其是贵宾站立之处铺设红色地毯，现场悬挂"×××商场开业典礼"或"×××公司隆重开业"的横幅，两侧布置一些来宾送的花篮、贺匾、纪念物等，会场四周还可张灯结彩，悬挂彩旗、彩带、横幅、标语、气球、宫灯等。来宾的签到簿、本单位的宣传材料、待客的饮料等，亦需提前备好。对于开业典礼举行时所需的用具、设备等，必须事先认真地进行检查、调试，以防其在使用时出现差错。有的企业还准备鼓乐、飞鸽等加以烘托渲染，但要注意遵守城市管理规定和有关公共秩序，如有的城市不允许燃放鞭炮；对音响或鼓乐声的音量要加以控制，以免声音太大，影响社区群众的正常生活和休息；要预见开业典礼的场面规模，如有可能会妨碍交通正常运转，应约请有关交通部门予以协调指挥。

4. 安排好接待服务工作

与一般商务交往中来宾的接待相比，对出席庆祝典礼的来宾的接待，更应突出礼仪性的特点，不但应当热心细致地照顾好全体来宾，使每位来宾都能心情舒畅，而且应当通过热情的接待工作，使来宾感受到主人真挚的尊重与敬意。因此，要举行庆典时一般应成立筹备组，下设若干专项小组，在公关、礼宾、财务、会务、接待等各方面既"分兵把守"、各司其职，又密切配合、步调一致。其中负责礼宾工作的接待小组，可以说是庆典的"门面"，应特别重视。一般来说，接待小组原则上应由年轻、精干、形象较好、口头表达能力和应变能力较强的男女青年组成。接待小组的具体工作有以下几项：一是来宾的迎送，即在举行庆典仪式的现场迎接或送别来宾；二是来宾的引导，即由专人负责为来宾带路，将其送到既定地点；三是来宾的陪同，对于某些年事已高或非常重要的来宾，应安排专人始终陪同，以便给予关心与照顾；四是来宾的招待，即指派专人为来宾送饮料、上点心以及提供其他方面的服务。开业典礼前要对接待小组人员进行系统培训，并妥善地予以分工。在接待贵宾时，须由本单位的主要负责人亲自出面。

5. 拟定庆典的具体程序

一次庆典举行的成功与否，与其具体的程序不无关系。典礼礼仪规定，拟定庆典的程序时，有两条原则必须坚持：第一，时间宜短不宜长。大体上讲，以一个小时为极限。这既是为了确保其良好效果，也是为了尊重全体出席者，尤其是来宾。第二，程序宜少不宜多。程序过多，不仅会延长时间，还会分散出席者的注意力，并给人以庆典内容过于凌乱之感。总之，不要使庆典成为内容乱七八糟的"马拉松"。

6. 落实具体细微事项

在准备工作中，企业还要注意反复落实好有关具体细微的事务，协调好各方面的关系，因为任何一个环节的具体工作出了差错，都会影响开业典礼的整体效果。比如，请柬是否及时发放并有反馈；开幕词、致贺词等资料准备事项是否落实；现场接待人员佩戴的标志（胸卡、绶带等），来宾的胸花、饮品、礼物，迎宾车辆是否都准备妥当等。

（二）开业典礼的组织

典礼组织是指典礼活动的程序安排。典礼的效果如何，主要由程序决定。因此，拟定的典礼程序要完整、协调，符合礼仪要求。一般情况下典礼程序由以下几项组成：

1. 迎宾

接待人员在会场门口接待来宾，请来宾签到后，引导其到座位上就座。若不设座位，则告诉来宾其所在的具体位置。

2. 典礼开始

主持人宣布开业典礼正式开始。全体起立（不设座位应立正），奏国歌或厂歌。必要时，亦可随之唱歌，接下来宣读重要嘉宾名单。

3. 致贺词

按主持人的安排，由上级领导和来宾代表先后致贺词，主要表达对开业单位的良好祝愿。大体上讲，出席此次开业典礼的上级主要领导、协作单位及社区关系单位，均应有代表讲话或致贺词，不过应提前约定。对外来的贺电、贺信等不必一一宣读，但应公布来电来信的单位或个人，公布时，可依照"先来后到"的顺序，或是按照其具体名称的汉字笔画数进行排列。

4. 致答词

由本企业负责人代表企业向来宾致谢，并简介本单位的经营特色、经营目标以及希望得到各界支持的态度。

🔍知识衍生1

5. 揭幕或剪彩

揭幕的具体做法是：由本单位负责人和一位上级领导或嘉宾代表行至彩幕（红布）前恭立，礼仪小姐双手将开启彩幕的彩索递交对方。揭幕人随之目视彩幕，双手拉彩索，揭去盖在单位标牌上的红布，宣告企业正式成立。参加典礼的全体人员在音乐声中鼓掌致贺，在非限制燃放鞭炮地区还可放鞭炮庆贺。

剪彩的由来

1912年，美国的圣安东尼奥的华狄密镇上有一家大百货公司要开张，老板威尔斯为防止顾客在正式营业前闯入店内，在店门前横系了一条布带，万事俱备，只等开张。正当人们等得有些焦急的时候，威尔斯10岁的女儿牵着一只哈巴狗从店里面匆匆跑出来，无意中碰断了这条布带。这时，在门外等候的顾客以为正式开张营业了，蜂拥而入，争先恐后地购买货物，当天生意兴隆。不久，当老板的另一个分公司又要开张时，他想起第一次开张时的盛况，又如法炮制，但这次是有意让女儿把布条碰断。当天公司的生意同样火爆，于是人们认为让女孩碰断布带的做法是一个极好的兆头，因而争相效仿，广为推行。此后，凡是新开张的商店都要邀请年轻的姑娘来碰断布带。后来，人们又用彩带取代色彩单调的布带，并用剪刀剪断彩带，有讲究的还用金剪刀。最终，人们就给这种做法正式取了个名——"剪彩"。

6. 余兴节目

典礼完毕，可助以敲锣打鼓、舞狮子、歌舞表演等余兴节目，并播放热烈、喜庆的音乐，允许的话可燃放礼花、礼炮，增添喜庆气氛。余兴节目最好由组织的内部员工来参与，有助于增强他们的主人翁意识和自豪感。如有必要，可引导来宾参观，如展览、新商场、厂房、办公楼等，介绍本单位的主要设施、特色商品及经营策略等，以便让来宾对组织有更全面的了解；也可利用留言簿、召开小型座谈会等形式征求来宾的意见，以便进一步改进工作；还可安排来宾就餐、看文艺节目等。这一系列的程序进行完毕，接待顾客或观众的工作便正式开始。为了吸引更多的顾客或观众，可以适当采取让利销售或赠送纪念品等方式迎接首批顾客或观众；也可以选择一些有代表性的消费者参加座谈，虚心听取消费者的意见，拉近与消费者的距离。以上程序可视具体情况有所增减，无须照抄硬搬。总之，开业典礼的整个过程要紧凑、简洁，避免时间过长、内容杂乱，以免给来宾带来不快。

（三）参加开业典礼的礼仪要求

开业是企业的大喜事，开业典礼自然隆重热烈。宾主双方都应围绕着这一特点，注意典礼全过程的吉庆色彩，遵守相应的礼仪规范。

1. 开业典礼组织者的礼仪

对于开业典礼的组织者来说，整个仪式过程都是礼待宾客的过程。参加典礼的每个人的仪容仪表、言谈举止都直接影响到企业的形象。因此，作为开业典礼的组织者，有关人员出席典礼时应严格注意以下几点：

（1）仪容要整洁。参加开业典礼的本企业人员，无论是负责人

内容讲解 2

员，还是工作人员都应适当地修饰自己。女士要适当化妆，男士应梳理好头发、剃掉胡须。无论如何都不允许本单位的人员蓬头垢面、胡子拉碴、浑身臭汗，于无意中给本单位的形象"抹黑"。

（2）着装要规范。有统一式样制服的单位最好统一着装，以显示企业特色；无制服的单位，应规定出席庆典的本单位人员必须穿礼仪性服装。一般来说，男士可穿深色西装或中山装，配白衬衫、素色领带、黑皮鞋；女士宜穿深色西装套裙或套装，配长筒肉色丝袜、黑色高跟鞋，或是穿花色素雅的连衣裙。

（3）时间要遵守。本企业参与开业仪式人员均应严格遵守时间，不得迟到、无故缺席或中途退场。开业仪式应准时开始，按时结束，以向社会证明本企业是言而有信的。如果主要嘉宾晚到片刻，出于礼貌应稍等（当然来宾也不应迟到）。

（4）态度要友好。遇到来宾要主动热情地问好，对来宾提出的问题，不论其职位的高低，都应真诚友好地回答。迎接嘉宾到场之后，还应主动、热情地介绍来宾相互认识、交谈。来宾致贺词后，应主动鼓掌表示欢迎或感谢。不能对来宾的形象、讲话及其代表的组织评头论足。

（5）行为要自律。主办方人员的得体举止，可以充分展示本单位文明礼貌、礼尚往来的良好风范。典礼过程中，主办方人员不得嬉笑打闹，不得做与典礼无关的事，如一直看手机、打瞌睡等；不要东张西望、反复看时间，不能表现得敷衍了事、心不在焉，或是愁眉苦脸、唉声叹气，因为这些都会给来宾留下极为不好的印象，不利于企业的进一步发展。在举行庆典的整个过程中，都要表情庄重、全神贯注。升国旗、奏国歌、唱厂歌时，一定要依礼行事：起立，脱帽，立正，面向国旗或主席台行注目礼，并且认认真真、表情庄严肃穆地和大家一起唱国歌厂歌。

2. 开业典礼参加者的礼仪

作为应邀参加企业开业典礼的人员，无论是来自上级主管机关，还是来自同行兄弟企业，都应注意自己的礼貌礼节，恰当表达本单位的祝贺意愿。

（1）修饰仪容。应邀参加开业典礼之前要修饰仪容，不能大大咧咧、随随便便。

（2）准时到场。参加典礼者，一般要提前半小时左右到场。过早或过迟，都是不礼貌的表现。如遇特殊情况无法到场，应尽早通知组织者，好让组织者在有关方面做适当的准备和调整。

（3）带上贺礼。参加开业典礼，按常规都应带上贺礼，如花篮、牌匾、楹联或实物礼品等以示祝贺，并在贺礼上写明庆贺对象、庆贺缘由、贺词和落款、时间。贺礼可在开业典礼前先行送去，也可在开业典礼时当场送去。

（4）主动祝贺。宾主相见，来宾应主动对主人表示恭贺。对来自其他单位的来宾代表也应主动打招呼，相互结识，交流攀谈，不应只顾和主办单位人员讲话，无视别人的存在。

（5）认真参与。在典礼过程中，宾客要根据典礼的进展情况做一些礼节性的回应，如认真听讲中的鼓掌、跟随参观、写留言等。不可无休止地和周围人讲话，或闭目养神等，更不可剔牙、搓手、长时间地接打手机、频繁看手机等。

（6）礼貌告别。仪式结束后，宾客离开时应与主办单位领导、主持人、服务人员等握手话别，并致谢意。

二、情景模拟演练

（一）实训目的和要求

通过本项目训练，了解各类庆典活动的筹备、庆典议程安排及场地布置等礼仪规范；能熟练应用与庆典活动相关的各种技能；掌握传播媒介和约请方式的选择。

（二）场景设计

A 公司是某省重点企业集团公司，国务院深化改革试点企业之一。A 公司拥有多个"中国名牌"产品，主要产品通过 ISO9001：2000 质量体系认证，A 公司商标被认定为中国驰名商标。企业的产品从最初的针织内衣，已发展到现在的包括服装、机车轮胎、地产、生物制药四大领域。目前，A 公司有员工 20000 多名，大专以上学历近 3000 名，外地员工 7000 余名。A 公司有 10 家子公司，其中一家为上市公司，两家境外分公司，产品出口 20 多个国家和地区。A 公司的"HD 股份"在证券交易所成功上市，企业开始迈入资本经营阶段。A 集团公司建立的人才、技术、产品、管理、文化的创新机制，成为企业腾飞的强大助力。A 集团公司努力发展经济的同时，不断加大回馈社会的力度，在繁荣一方经济的同时还带动周边地区的纺织、服装、运输、餐饮、零售等行业的发展。

A 集团公司以创民族品牌为己任，从企业草创，到走出困境，再到目前产业相对多元化，走过了辉煌的 70 年创业历程。A 集团公司为提升品牌文化含量，实现成为"中国第一文化品牌"、向"规模化、现代化、国际化、信息化、学校化"迈进和打造"百年跨国企业"的目标，集团公司领导经过研究，决定举办 70 周年庆典活动，并成立了庆典筹备委员会，下设秘书组、新闻组、接待组、信息组、联络组，每组的组长都由集团公司的中层以上干部担任，筹委会给予他们充分的权力和空间，自主设置庆典相关项目及事宜。常见的庆典场景如图 9-1、图 9-2 所示。

同步训练 1

图 9-1 开业庆典外场景　　　　　　　　　　图 9-2 开业庆典内场景

（三）实训步骤

1. 实训前的准备

①实训场地的准备：可选择模拟会议室、学校大礼堂及其他空旷场地进行。
②设备及材料的准备：彩带、彩旗、横幅、地毯等。

2. 实训的具体步骤

①课前教师介绍实训场景并提出实训要求。
②实训角色分配。以小组为单位，具体角色由学生自由商定，设定一名同学为该小组主持人。
③角色扮演。每位同学根据角色需要进行充分准备，分别扮演以下角色：集团公司领导、接待人员、重要领导、嘉宾，要求各司其职，轮流模拟演示。
④主持人开场，情景剧表演。
第一个场景：开业庆典活动正式举办前的各方面准备工作。具体可参考下列内容，也可自行掌控：开业庆典活动规模的把握；活动场所、内容、时间的选择；开业庆典活动的司仪人选与庆典嘉宾的邀请；广告媒体的安排；活动场所的布置。
第二个场景：开业庆典活动正式开始后程序的把握。开业典礼正式开始时间的选择、迎宾曲的播放；剪彩嘉宾入场就座；司仪上台宣布庆典正式开始，并介绍贵宾，宣读祝贺单位名单（音乐播放）；邀请领导致辞；请贵宾代表讲话；邀请职工代表讲话；宣布剪彩人员名单，组织剪彩仪式举行；宣布庆典圆满结束。
⑤回答评判组提问。
⑥教师点评，重点让学生掌握要领和细节。

3. 实训提示

①编制一份开业庆典活动的程序。
②模拟演示开业庆典仪式的大会场景。

③重要领导和来宾名单的单位、职务、姓名可由学生自己拟定。

④开业庆典活动的程序应结合情景内容，但不包括庆祝晚会、产品推介会、战略研讨会等内容。

⑤开业庆典仪式场景模拟由全班各组学生协作完成。

（四）效果评价

庆典礼仪实训的效果评价见表9-1。

表9-1 庆典礼仪实训考评

考评人		被考评人		
考评地点		考评时间		
考核项目	考核内容	分 值	小组评分 50%	教师评分 50%	实际得分
庆典礼仪	1. 庆典活动规模	5			
	2. 活动场所	5			
	3. 举办时间	5			
	4. 庆典嘉宾邀请	5			
	5. 庆典主持人表现	5			
	6. 广告媒体安排	5			
	7. 仪式程序	30			
	8. 团队精神面貌、分工协作	5			
	9. 现场答辩	10			
	10. 小组主持人表现	5			
	11. 道具准备	5			
	12. 文案准备（庆典活动程序）	15			
	合计	100			

注：考评满分为100分，60~70分为及格，71~80分为中等，81~90为良好，91分及以上为优秀。（该表可复印后灵活用于教学）

三、学习效果后测

1. 以锡西石化集团总经理办公室的名义起草一份《关于举办锡西石化集团成立30周年庆典活动的通知》，具体包括庆典主题、庆典时间、庆典主要内容、参会人员等。

即问即答1

2. A汽车贸易有限公司成立于1997年，是一家集整车销售、配件供应、维修服务于一体的汽车专业服务公司，自成立以来，公司秉承"提供优质产品，以客为本"的服务精神，遵循"以人为本，以市场为导向，用户至上"的经营原则，取得了优异的业绩。在竞争日益激烈的市场形势下，依靠自身的经营实力和社会信誉，公司业务稳步发展。为进一步拓展市场和惠及更多的消费群体，经过前期的市场调研和公司领导层的缜密分析，公司决定进驻江北名城桃源市，投资 1500 万元设立集汽车销售、售后服务、配件销售、信息反馈于一体的 4S 店，拟于 2020 年 6 月举行开业庆典，现请你为该品牌汽车桃源 4S 店开业庆典提供一份包括公司简介、桃源市 4S 店开业庆典的目的、开业庆典的主题、具体时间的选择、出席庆典的人员名单（包括所有人员的姓名和职位）、邀请嘉宾的名单、邀请媒体的名单、需要准备的各种物品、会场的布置（周边街区、店外、店内等）、庆典全程拍照和摄像等方面的策划方案。

🛢 情商加油站

　　礼仪是人际交往的"润滑剂"。作为社会的人，我们每天都少不了与他人交往，假如你不能很好与人相处，那么在生活中、事业上就会寸步难行，一事无成。俗话说："礼多人不怪。"人际交往，贵在有礼。加强个人礼仪修养，处处注重礼仪，恰能使你在社会交往中左右逢源，无往不利；使你在尊敬他人的同时也赢得他人对你的尊敬，从而使人与人之间的关系更趋融洽，使人们的生存环境更为宽松，使人们的交往气氛更加愉快。

模块二：签字仪式礼仪

签字仪式，也叫签约仪式。就是在签约中，为表示郑重和隆重而举行的仪式。签字仪式是仪式礼仪的重要内容。为签约而专门办一个仪式，可见对本单位的重大意义。对这样事关各方利益的"里程碑"式事件，各方都应当严格按照签字仪式礼仪要求，表现出己方严谨、专业的态度。本模块主要介绍签约仪式的礼仪规范。

🎓 教学说明 2

一、知识目标前测

签字仪式，通常是指订立合同的各方在合同上正式签字时所举行的仪式。根据仪式礼仪的规定：对签署合同这种事关各方关系发展史上"里程碑"式的重大事件，应当严格地依照规范。为郑重起见，在具体签署合同之际，往往会依例举行一系列的程式化的活动，即所谓签约的仪式。在具体操作时，它又分为草拟阶段与签署阶段两大部分。

👤 内容讲解 3

（一）草拟阶段

合同草拟的正规做法，从格式上讲，首要要求是目的要明确，内容要具体，用词要标准，数据要精确，项目要完整，书面要整洁；从具体的写法上来说，合同大体上有条款式与表格式两类。所谓条款式合同，指的是以条款形式出现的合同。所谓表格式合同，则是指以表格形式出现的合同。

在草拟合同时，除了在格式上要标准、规范之外，同时还必须注意遵守法律、符合常识、顾及对手等方面的关键问题。

（二）签署阶段

1. 准备性工作

（1）布置好签字厅

按照仪式礼仪的规范，布置签字厅的总原则是要庄重、整洁、清静。

一间标准的签字厅，室内应铺满地毯，摆放适量的签字用桌椅。正规的签字桌应当为长桌，横放于室内。在其后签署双边合同时，可放置两张座椅，供签字人就座。签署多边合同时，可以仅放一张座椅，供各方签字人签字时轮流就座；也可以为每位签字人都各自提供一张座椅。签字桌上最好铺设深绿色的台呢，还应事先安放好待签的合同文本以及签字笔、吸墨器等签字时所用的文具。与外商签署涉外商务合同时还需在签字桌上插放有关各方的国旗。插放国旗时，在其位置与顺序上，必须按照礼宾序列而行。

（2）安排好签字时的座次

在正式签署合同时，从礼仪上来讲，举行签字仪式时，最为引人关注的，当属举行签字仪式时座次的排列方式问题。

一般而言，举行签字仪式时，座次排列的具体方式共有三种：并列式、相对式、主席式，它们分别适用于不同的具体情况。

①并列式排座是举行双边签字仪式时最常见的形式。它的基本做法是：签字桌在室内面门横放。双方出席仪式的全体人员在签字桌之后并排排列，双方签字人员居中面门而坐，客方居右，主方居左，具体排座如图9-3所示。

②相对式签字仪式的排座，与并列式签字仪式的排座基本相同。二者之间的主要差别，只是相对式排座将双边签字仪式的随员席移至签字人的对面，具体排座如图9-4所示。

图9-3 并列式签字排位

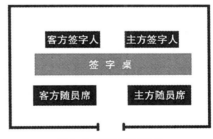

图9-4 相对式签字排位

③主席式排座主要适用于多边签字仪式。其操作特点是：签字桌仍需在室内横放，签字者坐在桌后面对正门，但是只设一个座椅，并且不固定其就座位置，具体排座如图9-5所示。举行仪式时，所有各方人员，包括签字人在内，皆应背对正门、面向签字席就座。签字时，各方签字人应以规定的先后顺序依次走上签字席就座签字，然后应退回原处就座。

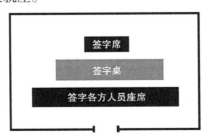

图9-5 主席式签字排位

（3）准备合同文本

依照商务活动的习惯，在正式签署合同之前，应由举行签字仪式的主方负责准备待签合同的正式文本。负责为签字仪式提供待签的合同文本的主方，应会同有关各方一道指定专人，共同负责合同的定稿、校对、印刷与装订。也就是说，在决定正式签署合同时，就应当拟定合同的最终文本。

2. 正式程序

①签字仪式正式开始。有关各方人员进入签字厅，在既定的位次上各就各位。

②签字人正式签署合同文本。通常的做法是首先签署己方保存的合同文本，再接着签署他方保存的合同文本。

③签字人正式交换已经由有关各方正式签署的合同文本。此时，各方签字人应热情握手，互致祝贺，并相互交换各自一方刚刚使用过的签字笔，以志纪念。全场人员应鼓掌，表示祝贺。

④共饮香槟酒互相道贺。

二、情景模拟演练

（一）实训目的和要求

同步训练 2

通过本项目训练，了解签字仪式的准备与服务内容，熟悉不同种类签字仪式的特点，掌握签字仪式的操作程序，培养学生对签字活动的组织能力。

（二）场景设计

B 公司是世界知名企业，业务涉及发电、化工、机车自动化等行业，在发电、自动化技术等领域处于全球领先地位，拥有巨大的业务和市场。

经过对当下国家扶植政策的解读和对自身及对方情况的缜密分析，A 公司领导认识到集团公司的进一步发展仰赖于建立高端和稳定的企业联系。为此，A 公司决定与 B 公司进行广泛、深入和长期的合作。20××年×月×日，A 公司领导一行前往 B 公司洽谈双方合作事宜。随后，双方进行了多轮的协商谈判，最后，达成了一致意向。根据协议，A 公司与 B 公司在发电机制造和销售上进行双向合作。一方面 B 公司低压交流发电机产品由 A 公司负责制造；另一方面 A 公司发电机产品境外销售由 B 公司负责，境内销售由 A 公司负责。

20××年×月×日，A 公司与 B 公司合作签约仪式在 A 公司会议室举行。可以相信，两家企业通过合作，将进一步体现优势互补、共同发展的目标，并对各自企业的经营管理能级的提升具有十分重要的意义。签字仪式现场的情景如图 9-6 所示。

图 9-6 签字仪式现场

资料来源：http：//www.sbd.sc.sgcc.com.cn/xwzx_list.asp？ id=1523.稍作删改。

（三）实训步骤

1.实训前的准备

①实训场地的准备：可选择在模拟谈判室、模拟会议室等场所进行。

②设备及材料的准备：笔记本、文件夹、旗帜、签字笔、签字单、吸水纸、酒杯、香槟酒、横幅、照相机、摄像机、桌子等。

2.实训的具体步骤

①课前教师介绍实训场景并提出实训要求。

②实训角色分配。以小组为单位，具体角色由学生自由商定，设定一名同学为该小组主持人。

③角色扮演。每位同学根据角色需要进行充分准备，扮演以下角色：每组学生分别扮演 A 公司领导、B 公司领导、接待人员及其他人员，要求各司其职，轮流模拟演示。

④主持人开场，开始情景剧表演。

第一个场景：签字双方的前期接触和友好洽谈。

第二个场景：签字仪式现场的控制。

⑤回答评判组提问。

⑥教师点评，重点让学生掌握要领和细节。

3.实训提示

①草拟一份签字仪式方案。

②布置模拟签字厅。

③模拟演示签字仪式（可考虑准备签约仪式的主持词）。

④参加实训的双方须简单演示见面礼仪，在着装上适当修饰。

同步训练3

（四）效果评价

签字仪式礼仪实训的效果评价见表 9-2。

表 9-2 签字仪式礼仪实训考评

考评人			被考评人		
考评地点			考评时间		
考核项目	考核内容	分 值	小组评分 50%	教师评分 50%	实际得分
签字仪式	1. 签约双方的仪容、仪表	5			
	2. 签字厅的布置	5			
	3. 签字时间的选择	5			
	4. 签字辅助人员的邀请	5			
	5. 签约仪式主持人表现及主持效果	5			
	6. 广告媒体安排	5			
	7. 签字双方签字过程的礼仪	30			
	8. 团队精神面貌、分工协作	5			
	9. 现场答辩	10			
	10. 小组主持人表现	5			
	11. 道具准备	5			
	12. 文案准备（签字仪式方案）	15			
	合计	100			

注：考评满分为 100 分，60~70 分为及格，71~80 分为中等，81~90 分为良好，91 分及以上为优秀。（该表可复印后灵活用于教学）

三、学习效果后测

1. 根据下面场景的描述进行签字仪式的实训，具体要求和步骤可参考本模块实训内容。

即问即答 2

2008 年 7 月 10 日上午，中国机械工业集团重组长沙汽电汽车零部件有限公司签字仪式在华天大酒店举行。省政府陈肇雄副省长、国机集团徐建总裁出席签字仪式并做重要讲话，省国资委主任莫德旺与国机集团徐建总裁签署合作协议，党委书记吴志雄代表省国资委致辞。签字仪式由省国资委总经济师张美诚主持，省国资委副巡视员骆有云、国机集团有关部门负责人、省兴湘资产经营有限公司、长沙经开区和中汽长电有关负责人共 50 余人参加了签字仪式，签字仪式现场情景如图 9-7 所示。

图9-7 签字仪式现场情景

资料来源：http：//www.sasac.gov.cn/.

2. 根据下列情景回答问题。

（1）谈判是签约的前提，签约是谈判的良好结果，是谈判成功的表现。其中，谈判座次的安排是其中重要的一环，请你为下面两种情形下的谈判座次安排选择主客双方位置并填上正确的序号。注意主客双方的尊卑次序分别用1、2、3、4、5来填写，如图9-8所示。

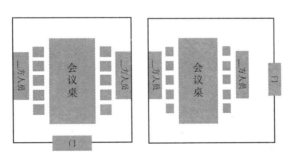

图9-8 谈判仪式现场座次

（2）假设某公司准备与远道而来的法国客商签订一份巨额合同，您是签约活动的组织者和本方签字人。

请问：

①应该由谁准备待签订合同的文本？（ ）

A. 本方 B. 法方

C. 双方 D. 第三方

②待签合同文本应该使用哪种或哪几种语言？（ ）

A. 英文 B. 中文、法文

C. 法文 D. 中文

③待签合同的文本共15页，以漂亮的彩色信纸打印而成，并使用订书器简单

装订。封面以白色打印纸打印，上书"合同"两字。这种做法是否符合有关要求？
（　　）

    A. 符合　　B. 基本符合

    C. 不符合　D. 以上说法都错

    如不符合，请您指出其不妥之处。

    3. 请你思考和总结平地行进、上下楼梯、出入电梯、进入房门、乘坐轿车以及接待、会议、宴请、谈判、签约等过程中涉及的座次安排方面的知识点。

情商加油站

    孔子说："今之孝者，是谓能养。至于犬马，皆能有养。不敬，何以别乎？"人与动物的区别就在于人懂得尊敬别人，"恭敬之心，礼也"，而尊重是礼仪的核心内容。礼仪中的规则很多，但最基本最重要的原则就是尊重。这个尊重包括自尊和他尊。自尊，就是自我尊重，只有自尊自爱的人才令人尊重；他尊，也就是尊重他人。

模块三：新闻发布会礼仪

一、知识目标前测

教学说明 3

新闻发布会又称记者招待会。除了党政机关、社会团体可以公开举行新闻发布会外，一些大中型企事业单位也可以邀请各种新闻媒介的记者参加，举行新闻发布会。现代公共关系的基本原理告诉我们，一个组织的良好形象是建立在知名度、可信度和美誉度的基础上的，而这三度又都是依靠传播而生存的。我们也不难看出，知名度是低层次的，要出名很简单。但要获得高层次的可信度和美誉度，则不仅要让人知道，还要让广大公众信赖，再由信赖到赞誉，这就必须要利用新闻媒介做可信赖的新闻传播。正因为如此，当今社会的各种组织机构，都想尽办法利用机会和新闻媒介建立联系，制造种种新闻来展示自己良好的社会形象。所以，企事业单位适当地、不失时机地召开新闻发布会，既是传播工作的一个重要步骤，又是协调与新闻界关系、争取新闻界做客观报道以进一步树立组织良好社会形象的一次公关活动。

内容讲解 5

内容讲解 6

开好新闻发布会的工作，主要有以下方面。

（一）新闻发布会的筹备

1. 确定举行新闻发布会的必要性

2. 确定应邀请的范围

确定应邀记者的范围主要根据公布事件、消息发生的范围和影响而定。如事件或消息只涉及某一城市，一般就请当地的新闻单位记者参加。

3. 选择新闻发布会的地点和时间

新闻发布会在何处举行，也得根据会议的主题来确定。如是一般情况，可在本单位或租用宾馆、大饭店举行；如希望造成全国性影响的，则可在首都或某大城市举行。

会议地点确定后，应进行实地观察。此外，在会议召开前，应认真进行会场布置。会场布置既要与所发布新闻的性质相融洽，又要充分准备好各种新闻发布的硬件。

4.确定主持人和发言人

举办新闻发布会，一般首先由主持人发布或介绍情况，然后由主要发言人详细发言，有的还要回答记者的提问。因此，事先确定好会议的主持人和发言人至关重要。主持人应能随机把握会场的气氛，措辞准确，风趣而不失庄重；发言人应是有一定权威的人物，要头脑机敏，口齿清楚，具有较强的口头表达能力。

5.准备资料

认真准备好新闻发布会所需的各种资料。如会议所需的文字、图片；主持人的发言稿，发言人答记者问的备忘提纲；新闻统发稿以及其他背景材料、照片、录音、录像等等，以便开会前分发给记者，供他们提问、写新闻稿时参考。

6.做好组织记者参观的准备

7.安排小型宴请

（二）新闻发布会的控制及礼仪

1.新闻发布会的控制

（1）会议接待人、主持人和发言人的角色搭配。

（2）会议发言人对"两类"问题（指不愿发布和透露的内容与回答不了的问题）的技术性处理。

（3）要关注信息发布的形式和发布信息的结果。陈述、说明和解释一定的客观事实，显示、表露和传达一定的立场态度，信息发布务求准确，力戒事后更正。

2.新闻发布会的礼仪

始终保持镇静、温和、礼貌和谦逊的姿态。

（三）新闻发布会的后续工作

1.对举办新闻发布会的总结

2.对与会记者及稿件的关注

二、情景模拟演练

（一）实训目的和要求

通过本项目训练，掌握新闻发布会的礼仪和程序，熟悉新闻发布

同步训练4

会的准备工作，并能在新闻发布会中运用相关技能。

（二）场景设计

为了进一步打响公司品牌，提高产品知名度和美誉度。A公司的子公司之一——C家纺公司邀请D策划公司进行策划设计。D公司为C公司设计了"热情、豪放、超越"的企业理念，并形成了系统的CI（corporate identity，企业认同感）规划体系，充分体现了A公司领导的高瞻远瞩和策划大手笔。

201×年×月×日，A公司在某大酒店举办新闻发布会，向社会隆重推出CI系统。到会的有市、局级主管商业的领导，社会知名人士，业主代表。在新闻发布会上，A公司的张达之总经理介绍了公司的情况及今后的经营规划，公关部经理孙俐小姐向与会人员宣读了CI宣言，并展示了部分VI（visual identity，视觉识别）设计，M市程副市长莅临祝贺，他对公司所取得的成就充分地予以肯定，D公司首席设计师张绛对设计意图进行了说明。新闻发布会上，记者提问十分活跃，就A公司发展的相关问题进行了采访。本次新闻发布会，由公司行政部经理洪诚主持。与会人员相信，随着公司CI系统的导入，C家纺公司及集团将更具知名度，而且能为地方经济发展做出更大的贡献。

常见的新闻发布会现场的场景如图9-9所示。

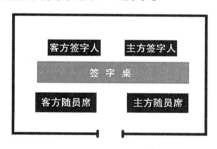

图9-9　新闻发布会现场

（三）实训步骤

1.实训前的准备

①实训场地的准备：可选择在模拟谈判室、模拟会议室等场所进行。
②设备及材料的准备：文件夹、横幅、照相机、摄像机、桌子等。

2.实训的具体步骤

①课前教师介绍实训场景并提出实训要求。
②实训角色分配。以小组为单位，具体角色由学生自由商定，设定一名同学为该小组主持人。

③角色扮演。每位同学根据角色需要进行充分准备，分别扮演以下角色：A 公司的张达之总经理、M 市程副市长、公关部经理孙俐小姐、公司行政部经理洪诚、D 策划公司首席设计师张绛及记者，按照相关礼仪要求进行演示。

④主持人开场，情景剧表演。

第一个场景：新闻发布会的前期筹备。

第二个场景：新闻发布会的场中控制。

⑤回答评判组提问。

⑥教师点评，重点让学生掌握要领和细节。

3. 实训提示

①可列出 A 公司新闻发布会的程序。

②要求每位发言人都以相对应角色的身份发言，每位记者都应提问。

③新闻媒体的名称由同学自拟，采访用的话筒、身份牌由学生自行准备。

④发言材料及提问应根据实训场景设计，允许在此基础上做适当的延伸和扩展。

⑤可将新闻发布会录像，待实训结束后，在班里播放，进行评价。

（四）效果评价

新闻发布会礼仪实训的效果评价见表 9-3。

表 9-3　新闻发布会礼仪实训考评

考评人		被考评人		
考评地点		考评时间		
考核项目	考核内容	分　值	小组评分 50%	教师评分 50%	实际得分
新闻发布会礼仪	1. 新闻发布会与会人员仪容、仪表	5			
	2. 新闻发布会场景布置	5			
	3. 新闻发布会主持人表现	15			
	4. 新闻发言人表现	30			
	5. 记者表现	10			
	6. 新闻媒体的邀请	5			
	7. 团队精神面貌、分工协作	5			
	8. 现场答辩	10			
	9. 小组主持人表现	5			
	10. 文案准备（新闻发布会策划方案）	5			
	11. 道具准备	5			
	合计	100			

注：考评满分为 100 分，60~70 分为及格，71~80 分为中等，81~90 分为良好，91 分及以上为优秀。（该表可复印后灵活用于教学）

三、学习效果后测

1. 比较以下六幅新闻发布会图片*（图 9–10 至图 9–15）的异同，包括发布会主题、会场布置、主持人、发言人、记者表现等方面，总结举办新闻发布会的注意事项，并思考新闻发布会与记者招待会有何不同？

即问即答 3

图 9-10　家电下乡太阳能中标企业产品质量、售后服务双承诺新闻发布会

图 9-11　热烈庆祝卓达集团并购企业成功新闻发布会

图 9-12　中望 CAD2008 新版发布会

图 9-13　2009 年全国职业院校技能大赛教育部新闻办公室新闻发布会

图 9-14　国务院台湾事务办公室例行性新闻发布会

图 9-15　新闻发布会现场记者提问

---

*　图片来自中国教育新闻网、中国新闻图片网等网站。

2.筹备新闻发布会，介绍承办全市职业院校技能大赛的有关情况。

3.根据下面场景的描述进行实训。

①实训目的：通过本次模拟，训练学生传播信息的能力及礼仪的运用，使学生初步熟悉举行新闻发布会的各个环节及其技巧，体验和总结充当各种角色的经验及可能的教训。

②实训场景：2010年8月15日，某市的一家晚报刊登了一则批评该市的某饮料企业食品不卫生的新闻稿，内容如下：

以生产冰红茶而闻名全国的某企业，昨天竟因不卫生被市卫生防疫站食品监督人员处以1万元的罚款。

8月12日，市防疫站的监督人员曾到该企业检查，发现该企业的灌装车间苍蝇满屋飞，原料中存在飞虫杂质。监督人员要求限期解决存在的问题。昨天进行复查，虽然卫生状况有所好转，但改进不大，储存原料的桶盖上依然有虫，墙角乱堆杂物，消毒池未及时放消毒液。

这则新闻稿一发表，立即引起消费者的强烈不满，已签订订货合同的客户也纷纷要求取消合同。面对这种情况，企业的领导层经过激烈讨论，最后统一了认识：认为企业现在面临严重的公共关系危机，此时绝对不能起诉这家晚报社，而是应该马上举行新闻发布会，向消费者等公众道歉，并向社会表明自己改正的决心。

③实训指导：将全班分成四组，每组分别选出一个组长、一位新闻发言人、记者若干。以新闻发布会的新闻发言人为主，组长组织全组同学事先就此次发布会的主题设计发布会的方案。记者可围绕发布会的主题有针对性地提问（提出的问题不得超过两个，本组的记者不得向本组的新闻发言人发问），以考验发言人的临场应对能力。切忌发言烦琐冗长，切记发言人在讲话时，台下的同学不得打断。

④实训时间：课外进行精心准备。课堂上简要布置发布会现场，每组整个发布会的时间控制在15分钟以内（包括记者提问时间）。

⑤实训评价：模拟新闻发布会实训的评价见表9-4。

表9-4　模拟新闻发布会实训评价

项目 组别	主题特点		主持人与发言人形象				方案策划			总体计划		视觉效果		总分
	新颖	醒目	应变能力	表达	台风	语言	创新	可行	合理	衔接	周密	总体效果	场景布置	
	10分	10分	5分	5分	5分	5分	10分	10分	10分	5分	10分	10分	5分	
一														
二														
三														
四														
备注	总分＝组长打分（四位组长打分，剔除最高分和最低分，中间两个分值求平均值）×0.4+教师打分×0.6													

情商加油站

播下行为的种子，你会收获习惯；播下习惯的种子，你会收获性格；播下性格的种子，你会收获一生的命运。

著名实业家李嘉诚先生提出了"用智商解决问题，用情商面对问题"的商界新理念。越来越多的企业界人士认识到，培养员工情商极为重要。

不懂得情商的人，其身心是不健全的。

提升情商，使我们能够用有限的知识去运作无限的世界。